La sensibilización gestalt
en el trabajo terapéutico

La sensibilización gestalt en el trabajo terapéutico

Desarrollo del potencial humano

Myriam Muñoz Polit

EDITORIAL
PAX
MÉXICO

෩ ෨

COORDINACIÓN EDITORIAL Y PORTADA: Matilde Schoenfeld
CUIDADO DE EDICIÓN: Sagrario Nava
FOTOGRAFÍA DE PORTADA: Ben Heys y José Antonio Nicoli

© 2008   Editorial Pax México, Librería Carlos Césarman, S.A.
        Av. Cuauhtémoc 1430
        Col. Santa Cruz Atoyac
        México DF 03310
        Teléfono: 5605 7677
        Fax: 5605 7600
        editorialpax@editorialpax.com
        www.editorialpax.com

Primera edición
ISBN 978-968-860-861-6
Reservados todos los derechos
Impreso en México / Printed in Mexico

A mi pareja, mis amigos y mis alumnos.

Índice

Capítulo 3. Marco teórico

Capítulo 4. Metodología y técnicas de la sensibilización gestalt

Capítulo 5. El proceso de sensibilización gestalt

Agradecimientos

Les agradezco su confianza, su entusiasmo, su sabiduría y su aliento especialmente a Carl Rogers, Fritz Perls, Erich Fromm, Miriam e Erwing Polster, Anatolio Freidberg, Ilse Kretsmere, Alberto Segrera, Juan Lafarga, Rosa Larios, Bertrand Russell, León Felipe e Ignace Lepp.

También quiero agradecer la compañía y el amor cotidiano que hace posible que en mí haya el espacio de paz y el tiempo necesario para estar en soledad creativa, y esto se los debo a todas las personas que comparten mi vida: pareja, amigos, familia y a todos mis colegas y colaboradores del Instituto Humanista de Psicoterapia Gestalt.

Por último, el agradecimiento profundo a mis alumnos y clientes, que fueron muchas veces amables "conejillos de indias" que me permitieron experimentar con ellos y aprender de su experiencia; por su confianza y retroalimentación, mil gracias.

Prefacio

Tardé muchos años en escribir este libro y, en general, en poner en blanco y negro mis ideas; siempre deseé que al hacerlo fuera de utilidad y producto de mi propia experiencia. Ahora, después de muchos años de estar formalmente trabajando como maestra y como facilitadora en este campo, creo que por fin tengo algo personal y significativo que compartir.

Lo que aquí expongo es una síntesis personal del valioso esfuerzo que es sensibilizar a las personas para que logren desarrollar sus potencialidades; por ello, estoy en deuda con mis maestros, mis alumnos, mis colegas y con los muchos autores que leí y he ido conociendo a distancia. Enumerar a cada uno de ellos sería imposible, pero es indudable que tengo, en especial hacia algunos, una deuda particular de reconocimiento.

El presente trabajo tiene la intención de servir como libro de texto para aquellas personas que desean entrenarse como sensibilizadores con un enfoque humanista y gestalt. Ojalá logre ese objetivo.

CAPÍTULO 1

Orígenes

La filosofía existencial-humanista

Surgimiento y principales representantes

Los pensadores que han aportado este tipo de ideas a la filosofía son muchos. La fenomenología y el existencialismo son las dos escuelas más importantes del siglo XX que han promovido este tipo de concepción. No es mi intención tratar este tema de manera amplia, porque no es algo que requiera el presente trabajo; para este libro es más importante puntualizar los elementos característicos de una filosofía humanista para partir de ellos en la intervención que se haga en la sensibilización.

La filosofía existencialista representa una ruptura radical con la filosofía tradicional. Kierkergaard (1813-1855) es el primero en desarrollarla. Algunos años después Martin Heidegger (1889-1976) continúa con las ideas de Kierkergaard, desarrollando aun más la teoría. Al mismo tiempo, surgen pensadores que van por la misma línea filosófica, como son Martin Buber (1878-1965) y Karl Jaspers (1883-1969), nacidos los tres en la misma época y que generan un nuevo gran pensamiento filosófico: la filosofía existencialista.

El método de conocimiento del existencialismo es la fenomenología. Ésta tiene sus orígenes en las ideas de Franz Brentano (1838-1917), pero el creador de este pensamiento fue Edmund Husserl (1859-1938).

La fenomenología busca describir los fenómenos tal como se dan, por lo que hay que observarlos limpios de prejuicios, crítica e ideas preconcebidas; es un mirar intuitivo y un reportar descriptivo. En la fenomenología hay un rechazo a la absolutización del mundo, es más importante encontrar los significados, pues al comprender lo que algo significa para mí, comprendo también lo que soy.

Curiosamente la filosofía existencialista y la fenomenología se desarrollaron paralelamente en el tiempo y se cruzan por primera vez gracias a la unión que de ella realiza Heidegger; él afirma que no basta con describir los fenómenos, hay que buscar el sentido del ser.

En general, podemos afirmar que los filósofos existencialistas son también fenomenólogos.

Los principales filósofos fenomenológico-existenciales son Edmund Husserl, Soeren Kierkergaard, Federico Nietzche, Jean Paul Sartre, Bertrand Russell, Paul Tillich, Martin Buber, Gabriel Marcel, Carl Jaspers, E.W. Straus, Max Scheler y Henry Bergson.

La filosofía existencialista y la fenomenología representan la primera etapa en el desarrollo de la psicología humanista.

"El existencialismo significa un tomar como centro a la persona existente; es el énfasis puesto sobre el ser humano tal como surge y deviene" (R. May, 1972).

Ideas principales

A continuación hago una escueta lista de las ideas más importantes y las que más influyeron posteriormente en la psicología humanista:

1. El mundo tiene un orden natural que se da en la libertad. Libertad y orden no se excluyen; al revés, si no hay libertad, no se puede llegar al orden natural.

2. El ser humano es libre, la existencia humana tiene como características esenciales la elección y la decisión (Kierkegaard). Podemos hacer de una obligación una bendición si así lo elegimos (Buber). Sartre afirmaba que el ser humano no sólo tiene libertad, sino que está condenado a elegir, condenado a la libertad.

3. Los seres humanos buscan al mismo tiempo la seguridad y el riesgo, éstas son polaridades que, en su interacción dinámica y permanente, promueven el crecimiento (Buber).

4. La relación yo-tú es la que puede promover el desarrollo de los individuos y de la sociedad, el uno sin el otro se estancan y se deterioran, no es posible el desarrollo social sin el individual y viceversa; ambas son realidades de una misma unidad (Buber).

5. La comunicación es el instrumento privilegiado para contactar con el mundo y consigo mismo, para comprenderlo y comprendernos (Jaspers).

6. El ser humano es el único capaz de tener conciencia, capaz de darse cuenta de que se da cuenta, y gracias a ella puede trascenderse a sí mismo.

7. La tarea principal del ser humano es convertirse en él mismo, llegar a ser lo que realmente es (Heidegger).

8. El ser humano es responsable de su existencia; no hay autoridad superior, hay sólo la autoridad del propio ser humano y de su conciencia.

9. "Estar en el mundo" es una característica existencial del ser humano. Este "estar en el mundo" nos habla de una relación vinculada del ser humano con el mundo como

un todo unitario. El mundo no es concebible sin el hombre ni el hombre sin el mundo.

La psicología humanista

Surgimiento, precursores y principales representantes

La psicología humanista se desarrolla fundamentalmente en Estados Unidos, a partir de 1929, con la gran depresión y la entrada de Roosevelt a la presidencia. Francis Delano Roosevelt es influido por John Dewey para crear su política del *New Deal* cuyas características son el optimismo por la capacidad del ser humano y la búsqueda de las libertades básicas.

Posteriormente estas ideas son enriquecidas por la inmigración europea, especialmente de judíos y alemanes que escapaban del nazismo y lo repudiaban.

Por esa época hay también un creciente interés por la filosofía existencial y posteriormente por la oriental, representada por el budismo zen y la doctrina taoísta.

Una escuela que tuvo especial influencia en la psicología humanista fue la Escuela de Berlín de Psicología de la Gestalt, representada por Max Wertheimer, Wolfgang Kohler, Kurt Koffka y Kurt Lewin.

En 1961 nace oficialmente la psicología humanista con la publicación del primer número del *Journal of Humanistic Psycology*, y en 1962 se funda la *American Association of Humanistic Psychology*; su primer presidente fue Abraham Maslow.

En 1962 se funda el Instituto Esalen en Big Sur, California, el primer centro de desarrollo del potencial humano. La psicología humanista constituye, como Abraham Maslow lo afirmó:

Un cambio de pensamiento fundamental... que no tiene un abanderado único... es la obra de muchos hombres; no sólo eso: se le parangona también con avances independientes y descubrimientos realizados en otros campos; así, impulsa de manera vertiginosa una imagen inédita de la sociedad y de todas sus instituciones, y con ello surge una nueva filosofía de la ciencia, la educación, la religión, la psicoterapia, la política, la economía, etcétera. (F. Goble, 1971).

Y como afirma el mismo Frank Goble:

Tenemos la convicción, y muchos más la comparten, de que la teoría psicológica de la Tercera Fuerza representa un sensacional avance capaz de cambiar el curso de la historia del mundo (*ibíd*).

Creo que se confirman estos comentarios si vemos los drásticos cambios ocurridos en la antes URSS y todo el llamado bloque del Este, en la búsqueda de los derechos humanos, en el incremento de la conciencia con respecto a la ecología, la trascendencia humana, entre otras tantas cosas.

El enfoque humanista está muy cerca del pensamiento de William James, quien pone mucho énfasis en la inmediatez de la experiencia y en la unión del pensamiento y la acción.

Los que hacen surgir a la psicología humanista son especialistas interesados en la psicoterapia, individuos que trabajan día a día con personas, tocando el sufrimiento, la ansiedad, el dolor y por lo mismo, buscando su razón profunda y la forma de aliviarlo y de usarlo como una oportunidad de desarrollo de la persona.

La psicología humanista representa una nueva y más amplia filosofía de la ciencia y comparte, con otras tendencias filosóficas de origen europeo, una revolución en la filosofía de la ciencia (Miguel Martínez M., 1982). Sus principales precursores fueron Carl Jung, Wilhelm Reich, Alfred Adler, Erich Fromm, Karen Horney, Ruth Benedict, William James, John Dewey, Otto Rank, Merleau-Ponty, Buytendijk, Ludwig Binswanger, Max Wertheimer, Wolfgang Kohler, Kurt Koffka, Frieda Fromm-Reichman y Kurt Lewin.

Por su parte, los principales líderes del movimiento humanista en psicología son: Margaret Mead, Gardner Murphy, Rollo May, Carl Rogers, Kurt Goldstein, Gordon Allport, Abraham Maslow, Fritz Perls, Wilson Van Dussen, Charlotte Selver, S. Jourard, Chalotte Buhler, Ruth Cohn, Helen Deutsh, Carl Moustakas y Adrian Van Kam.

Ideas principales

La llamada *tercera fuerza* pone el acento en la salud, en lo que está bien en el ser humano; toma en cuenta, como nunca antes, las capacidades y potencialidades de la persona, no sólo sus defectos y limitaciones.

Por mi propia experiencia, y por la experiencia que me ha tocado atestiguar y acompañar en otros, sé que es mayor promotor del desarrollo poner la atención en las capacidades y potencialidades que tenemos como personas, que en lo que no podemos, lo que no somos capaces o para lo que estamos limitados.

Una de las características de la psicología humanista es que busca mantener la mentalidad abierta a los nuevos descubrimientos; las hipótesis y conclusiones se han de poner a prueba en la realidad, se ha de valorar tanto lo subjetivo como lo objetivo, pues el compromiso fundamental que un humanista tiene es con la verdad, no con un método o unas ideas y mucho menos con las técnicas.

John Dewey rechaza el pensamiento racionalista que identifica la realidad con el objeto pensado, con las relaciones o esencias, y acepta la realidad tal como los hombres la vivencian en su experiencia inmediata; por lo tanto, la experiencia inmediata es una relación más íntegra con la naturaleza y con la realidad que la dada por la experiencia cognitiva.

Conocer el porqué de algo que le ocurre o vivencia una persona es muy pocas veces de utilidad real para su desarrollo. La mayoría de las veces, cuando buscamos las causas de algo, en especial cuando se trata de algo que aqueja a una persona, nos encontramos que, si somos sinceros, normalmente todo hecho es multicausal, provocado por infinidad de eventos que interactúan unos con otros y nos dejan mucho más confusos que cuando empezamos.

Otro punto que he observado es lo peligroso que resulta que alguien crea en una determinada causa, porque suele ocurrir que si ésa no fue la causa real, empieza a serlo, empieza a vivirse como real. He visto sufrir enormemente a las personas por creer lo que otras o ellas mismas se dicen, en lugar de ver cómo ocurrió el suceso específico en su propia experiencia y cómo ocurre aquí y ahora.

Por ejemplo, a una mujer su analista le interpretó que su padre había tenido con ella juegos sexuales cuando ella tenía tres años, cosa que ella no recordaba; eso la hizo sentirse muy angustiada e incluso separarse bastante de su padre; posteriormente ella descubre que su experiencia real —real desde ella— era que su padre fue simplemente un hombre muy afectuoso con ella y con todos sus hermanos, sin ninguna intención de otro tipo.

Otro ejemplo es el del muchacho que concebía a su padre como alguien despreciable porque su madre así se lo había pintado, pero al acercarse a él, descubre a un hombre más bien energético, con un gran sentido del humor, amante de la vida y la verdad.

De acuerdo con Rollo May: "La ansiedad y el sufrimiento no pueden curarse por medio de teorías" (1972). Es quizá, por esto, que el puro uso del pensamiento no es apreciado por los humanistas; la experiencia les ha mostrado que saber, la mayoría de las veces, no alivia el dolor ni promueve el desarrollo, saber resulta ser sólo una parte del conocimiento humano que se empobrece al no tener conexión suficiente con el sentir, con el vivenciar.

Como el mismo Rollo May afirma: "no existe la verdad o realidad para una persona viva a menos que participe, sea consciente de ella, o mantenga alguna relación con la misma" (*ibid.*, 164). Cuando May habla de ser consciente, a lo que se refiere es al darse cuenta (*awareness*), o sea, a una conciencia de todo el organismo, no sólo a un *insight* de tipo racional.

La psicología humanista no niega la validez de las consideraciones basadas en el condicionamiento, la formulación de los impulsos, el estudio de los distintos mecanismos, etcétera. Sólo sostiene que nunca se podrá explicar o comprender a cualquier persona viva partiendo de dicha base. Cuanto más exacta y con mayor penetración se describa un mecanismo dado, tanto más se relegará a la persona existente. Cuanto más se formulen las fuerzas o impulsos de manera absoluta y completa, tanto más se estará hablando de abstracción y no del ser humano existente (May, 1972).

A continuación hago una lista de las ideas que sustentan este tipo de psicología, algunas son consecuencia de otras, pero prefiero repetir antes que omitir. Me parece importante hacer notar que, aunque éstas son expuestas como ideas, un humanista lo es no por saberlas o conocerlas, sino por vivirlas en su quehacer cotidiano.

Conozco orientadores y psicoterapeutas que dicen pertenecer a la corriente humanista y que son más bien deterministas en sus actitudes y autoritarios en sus relaciones consigo mismos y con los demás. Asimismo, conocí otros adscritos a corrientes del tipo directivo y de concepciones pesimistas con respecto al ser humano, que en sus actitudes son profundamente humanistas y que ya quisieran muchos de los que se llaman a sí mismos humanistas tener un poco de su aceptación, optimismo y empatía. En fin, lo que creo profundamente es que cualquier persona, de cualquier corriente psicológica, puede ser promotor del desarrollo humano en el sentido humanista si vive en su propia piel los principios acerca del ser humano que plantea el humanismo.

Como Kierkergaard afirmaba: "La verdad sólo existe para el individuo cuando éste la crea en la acción".

Características e ideas fundamentales de la psicología humanista

1. Considera sus principios y descubrimientos como meras hipótesis en desarrollo y perfeccionamiento; éstas han de ser comprobadas y modificadas por y en la experiencia, de tal modo que nada se acepta y maneja como algo definitivo.

2. La naturaleza humana se considera profundamente positiva, cualquier elección que realiza un ser humano expresa su búsqueda de desarrollo total, de autorrealización.

3. Tiene una visión naturalista del ser humano, es decir, que ve al hombre como un ser innatamente constructivo, que tiende a buscar su supervivencia y desarrollo.

4. Afirma que la ciencia debe corresponder a las características distintivas del ser humano tal como es. Es importante que las hipótesis surjan y se comprueben o desechen en la vivencia misma de las personas y no a la inversa: tratando de encasillar a los seres humanos en postulados teóricos.

5. Todo conocimiento es de importancia relativa y no hay que absolutizarlo. Hay que tener apertura a la experiencia en general y no generar un conocimiento de tipo dogmático.

6. Los métodos estadísticos y los tests han de estar subordinados al criterio de la experiencia humana.

7. Son más importantes los significados y el sentido, que el procedimiento y el método.

8. El ser humano que investiga tiene que ser siempre parte de la investigación; la objetividad de la ciencia, en el mejor de los casos, no es más que una cuestión de acuerdo mutuo, pero en sí misma no es posible.

9. El ser humano vive en un entorno y es parte de él, entra en contacto consigo mismo y con el ambiente y toma del medio aquello que le falta y se desprende de lo que le sobra.

10. El ser humano tiene una tendencia innata a autorrealizarse, a satisfacer sus necesidades de forma jerarquizada. Éste es un proceso organísmico y unitario. El motivo principal de la vida humana es esta autorrealización.

11. El ser humano es más que la suma de sus componentes, es un organismo unificado, como una gestalt que está en continua reestructuración.

12. El ser humano vive de forma consciente y ésta es una de sus características esenciales.

13. El ser humano tiene la posibilidad de elegir y decidir; cuando funciona de acuerdo con él mismo es proactivo y no un espectador pasivo.

14. La enfermedad mental es vista como una opción desesperada del organismo para mantener su existencia; se requiere trascender la visión médica y generar una relación más interpersonal y comprensiva con el que la vive.

Como Carl Rogers afirma:

> El encuentro cálido, subjetivo y humano de dos personas es más eficaz para facilitar el cambio que el conjunto más perfecto de técnicas derivadas de la teoría del aprendizaje o del condicionamiento operante" (Rogers, 1960).

No queremos negar que la realidad, observada desde otro punto de vista, se presente con determinadas características, propiedades o matices interesantes y útiles; sólo queremos afirmar y probar que estamos viendo esa misma realidad –la realidad humana– bajo un nuevo sistema de relaciones y desde un punto de vista que nos parece más rico, más fértil, más coherente y más acorde con el resto de los conocimientos aceptados por otras disciplinas (Miguel Martínez M., 1982).

Concepción de ser humano

La psicología humanista o tercera fuerza en psicología –nombre que Maslow acuñó– plantea una concepción del ser humano en donde lo importante para su desarrollo es la confianza en él, la ayuda para que se descubran y atiendan sus necesidades y con esto promover que aprenda de su propia experiencia.

El humanismo surge en el siglo XX como una reacción contra el determinismo y el mecanicismo, como una búsqueda de una concepción más optimista y positiva que pudiera dar cabida a los aspectos más constructivos y creativos del hombre, donde estos fueron relevantes y explicaran mejor al ser humano.

Si somos honestos, tendremos que admitir que hasta hoy no es posible probar, de forma absoluta, que una concepción del ser humano sea más cierta que otra, pero sí podemos darnos cuenta cuáles han sido las consecuencias reales de un tipo u otro de pensamiento. Definitivamente creo que una concepción de tipo humanista da mejores resultados, promueve mejores actitudes y conductas, que una de tipo pesimista, limitativa y restrictiva. Y no sólo lo afirmo de manera teórica, mi propia existencia cambió drásticamente cuando empecé a tener una visión de mí misma más bondadosa, más afectuosa y constructiva. Por eso digo que, aunque no es posible afirmar que esta visión sea la correcta, es la que mayor bien me hizo a mí misma y la que ha transformado positivamente a los seres que conozco a mi alrededor.

La psicología humanista propicia una aproximación al entendimiento del ser humano que denota una actitud de comprensión hacia las personas con respecto a sí mismas y a su realidad.

La concepción del ser humano de la psicología humanista va más allá de una visión autodestructiva, determinista y mecanicista, en donde se define al hombre como esclavo de sus impulsos o del medio ambiente; se ve al ser humano como aquel que tiene la capacidad de autodeterminarse, de ser constructivo y autónomo, de elegir valores que incluso trascienden su propia supervivencia. Que es capaz de amar, de compadecerse ante el dolor propio y ajeno, de comprender a otro y comprenderse a sí mismo, de ofrendar su propia existencia por causas que le son más significativas que su propia vida. Se cuestiona la adaptación y la sobrevivencia como los fines últimos del hombre. El ser humano, como lo dice May, "es la estructura singular de las potencialidades del individuo" (May, 1972).

Cualidades típicamente humanas

Tendencia a la autonomía
Resistencia al martirio
Capacidad de sacrificio personal
Capacidad para sentir pena
Capacidad para amar
Sentido del humor
Goce del arte y la belleza
Capacidad de autoconciencia
Capacidad para sentir culpa
Capacidad de tener ideales
Capacidad para crear poesía
Capacidad para filosofar
Capacidad para crear música
Capacidad para crear ciencia
Capacidad para tener libertad interna
Capacidad de ser creativo
Tiene valores
Actúa con un propósito
Busca el sentido de la vida
Busca el sentido del sufrimiento
Busca el sentido de la muerte

En general, podemos afirmar que la concepción del ser humano de la psicología humanista se basa en las siguientes ideas:

- El ser humano nace con una tendencia a la autoconservación y a la autoactualización, tiene dentro de sí mismo todo lo necesario para su conservación y desarrollo.
- El ser humano funciona como una totalidad organizada.
- A medida que aumenta la conciencia en el ser humano, tiene la posibilidad de incrementar su libertad interna.

- El ser humano es un ser en relación y sólo desde ahí se lo puede comprender.
- El ser humano es un ser en proceso de autocreación.
- El ser humano requiere de un medio propicio para crecer.
- Toda persona está constantemente buscando preservar y enriquecer su vida.
- Hay una necesidad intrínseca de relación y afecto en el ser humano.

Una serie de hechos une a la humanidad, a toda la humanidad. El ser humano nace de padre y madre, y a menudo es concebido y criado con amor. Persigue ciertas metas biológicas; pero también persigue otras metas que le exigen establecer su propia identidad, tomar responsabilidades y satisfacer su curiosidad respecto al sentido de la vida. Suele enamorarse y procrear. Muere siempre solo. A través de su vida experimenta ansiedad, anhelos, dolor y placer (May, 1972).

Una actitud ante la vida

Humanista es aquella persona que comparte las ideas antes mencionadas pero, sobre todo, que tiene actitudes coherentes con ellas en los diferentes ámbitos de la existencia humana: lo ecológico, lo trascendente, lo político, lo interpersonal, lo intrapersonal, lo cotidiano, lo extraordinario y, en general, en cualesquiera de las situaciones que le presenta la vida. El humanismo es algo que se vive, que se siente, que se cree, que inunda a la persona hasta convertirse en un verdadero estilo de vida; no se puede ser humanista en lo teórico nada más.

Enfoques principales

Considero que sólo hay dos enfoques de tipo psicológico que se pueden considerar humanistas, que han desarrollado un cuerpo sólido de conocimientos, una metodología y una tecnología consecuente: el enfoque centrado en la persona, cuyo iniciador fue Carl Rogers, y el enfoque de la psicoterapia gestalt, cuyo iniciador fue Frederick Perls.

Es innegable que hay aportaciones importantísimas de muchos otros autores pero éstas no se han estructurado formalmente y de manera completa como enfoques novedosos, bien integrados y con solidez interna. Algunos de estos autores hacen más filosofía que psicología, como es el caso de Rollo May y Abraham Maslow.

Tal como lo afirma Quitmann (1989):

> La psicología humanística ha podido afirmarse y finalmente imponerse como *tercera fuerza* junto al psicoanálisis y al conductismo en realidad sólo porque con la *terapia conversacional* (Rogers), la *terapia de la Gestalt* (Perls) y la *interacción centrada en los temas* (Ruth Cohn), han creado modelos que han influido en gran medida y han dado lugar, hasta el día de hoy, de forma determinante a la práctica psicológica, en parte en todo el mundo, y en todo caso en Europa.

La "interacción centrada en los temas" es un tipo de terapia de corte humanista, creada por Ruth Cohn en Alemania, que nos es casi totalmente desconocida en América, por lo mismo, no la he podido incluir en el presente trabajo.

Capítulo 2

Definición y objetivos

Definición de la sensibilización en general

La sensibilidad es el medio por el cual se busca promover que las personas logren una percepción mejor y más completa de sí mismas y del mundo que les rodea; todo esto apoyado en un fundamento teórico y filosófico y llevado a cabo con una metodología coherente.

Definición de la sensibilización gestalt

Específicamente la sensibilización gestalt es aquella técnica semiestructurada que trata de promover el darse cuenta (*awareness*) y la responsabilización, para que la persona se ponga más vívidamente en contacto consigo misma y con el mundo, para que esté alerta a su propia experiencia, se dé cuenta de ella y con esto se descubra, se desbloquee, descubra a los otros y logre una mayor fluidez en su relación intra e interpersonal.

Esta sensibilización persigue que la persona se abra a su percepción y descubra las posibilidades que tiene dentro de sí y que no ha desarrollado, es decir, hay un énfasis en buscar el desarrollo de sus potencialidades. En general, promueve una mayor fluidez del organismo en todos los sentidos: mental, emocional, corporal, y una interacción más responsable y libre.

Todo lo anterior se logra mediante un ambiente de respeto y seguridad emocional, en donde haya una concepción humanista y cuya metodología y actitudes sean congruentes con dicha filosofía.

Una técnica semiestructurada

Para aplicar un ejercicio de sensibilización gestalt, es muy importante que éste sea dirigido sólo en términos generales, no en términos particulares; en sentido figurado, es como ponerle márgenes a un cuaderno: se pone el marco para trabajar dentro de ciertas referencias, pero lo que vaya surgiendo será lo que la persona misma vaya proyectando de sí. Por ejemplo, si le pido a los miembros de un grupo que se permitan jugar como niños, procuraré que haya un espacio adecuado para ello y les pediré que lo hagan, pero no les diré cómo tienen que actuar, ni qué tipo de niños deben de ser, eso es totalmente libre y es en esa libertad y en el procesamiento posterior de lo que ocurrió, en donde la persona va descubriendo cosas de sí misma.

Es por esta razón que la defino como una técnica semiestructurada, porque ciertamente hay una estructura mínima que sirve de marco para que dentro de ella ocurra lo espontáneo, para que se revele el contenido y el autodescubrimiento se logre.

Objetivos

La sensibilización gestalt tiene dos objetivos fundamentales:

1. Incrementar en la persona darse cuenta o *awareness*, lo cual no es una conciencia meramente racional sino in-

tegral; es promover el incremento en la capacidad de darse cuenta, con todo su organismo, de lo que le está sucediendo aquí y ahora, haciendo que la experiencia sea asimilada de manera vivencial, no sólo de manera racional, porque la hipótesis es que, si se registra de manera racional, puede no asimilarse verdaderamente y hay un alto riesgo de generar introyecciones.

Lo que busca la sensibilización es que la persona aprenda a estar en contacto consigo misma para darse cuenta de sus pensamientos, sus sentimientos, sus reacciones físicas, y para que así aumente la conciencia de sí misma.

2. Que la persona se responsabilice de sí misma, de sus pensamientos, acciones, sentimientos, sensaciones, etcétera. En este sentido, la sensibilización gestalt promueve la responsabilidad y evita la culpabilización hacia afuera.

Es muy importante que la persona aprenda a estar en este mundo en forma plena, libre y abierta; que aprecie lo obvio, lo que es. Aprender es descubrir en la experiencia, se aprende cuando se está puesto entero en la experiencia; si no, no hay aprendizaje significativo. Quien aprende sólo racionalmente, puede sólo memorizar. Nada más se aprende significativamente cuando se está asociado a la experiencia, no disociado de ella.

Diferencia entre sensibilización y psicoterapia

Es importante aclarar que es deseable que cualquier psicoterapeuta gestalt sepa sensibilización, pero no cualquier sensibilizador puede hacer psicoterapia. Cuando se hace sensibilización gestalt, en el procesamiento posterior a la ejecución del ejercicio, el sensibilizador no tiene que trabajar con las pautas crónicas de detención del crecimiento de la persona, únicamente debe promover el darse cuenta de la problemática, pero no trabajarlo a nivel psicoterapéutico, pues para poder hacerlo requiere de un entrenamiento específico.

Entiendo por pauta crónica de detención aquella forma repetitiva con que la persona evita el contacto consigo misma y con su ambiente.

Tratando de explicitar y ejemplificar un poco más lo anterior, es como decir que un entrenador de tenis se encuentra con que una de las rodillas del deportista tiene poca flexibilidad y su menisco está dándole problemas; su papel sería hacérselo notar y remitirlo con el especialista conveniente, pero no intentar curar esa rodilla. De igual manera, el sensibilizador remitirá con un psicoterapeuta a quien así lo requiera.

En estricto sentido, un sensibilizador no tiene necesariamente que ser psicoterapeuta, pero un psicoterapeuta gestalt debe saber de sensibilización gestalt.

Otros modelos de sensibilización

En general, la palabra sensibilización se usa para todo aquello que a la persona le sirva para estar más en contacto con alguna parte de sí misma o de su mundo externo; esto es, que abra sus sentidos e incremente su conciencia. Así, hay formas de promover la sensibilización musical, la corporal, la artística, etcétera.

Con respecto a las psicoterapias, todas tienen herramientas de sensibilización; por ejemplo, en el modelo psicoanalítico, la asociación libre busca que la persona sea más sensible a su propio inconsciente; en la terapia de integración postural, que la persona se sensibilice con los recuerdos bloqueados en su cuerpo; la terapia centrada en la persona busca que el paciente se sensibilice con respecto a su forma de relacionarse consigo mismo en cuanto a sus actitudes; la musicoterapia, a que la persona tome contacto consigo misma a través del canal auditivo, de los sonidos, etcétera.

Se promueve la sensibilización no sólo en los enfoques de tipo psicoterapéuticos; hay diferentes disciplinas que promueven el desarrollo de la sensibilidad y la conciencia, tales como el yoga en sus diferentes tipos y escuelas, el budismo zen, la meditación trascendental, el despertar sensorial de Charlot Selver y Charles Brooks, etcétera.

El ámbito de aplicación de la sensibilización gestalt

La sensibilización gestalt se hace normalmente en grupos de todo tipo: educativos, empresariales, de crecimiento, de integración, de capacitación, etcétera, donde las personas desean descubrir más de sí mismas y promover su desarrollo individual y social.

Estos ejercicios de sensibilización pueden ser usados como herramientas adicionales cuando, por ejemplo, se busca la integración de un grupo y es necesario trabajar con asuntos interpersonales; dentro de un curso estructurado, para cambiar el ritmo y la energía grupal; en una sesión psicoterapéutica, como una herramienta de experimentación para que la persona que está trabajando dirija su atención hacia algo específico. En fin, es un buen recurso para promover el autodescubrimiento.

Capítulo 3

Marco teórico

Introducción

Para hacer cualquier tipo de intervención que busque la promoción de las personas, es indispensable fundamentarla en un marco conceptual que le dé direccionalidad y coherencia. La teoría no es importante por sí misma; teorizar por teorizar es, muchas veces, una forma de no enfrentar la realidad concreta, presente; pero hacer intervenciones totalmente de orden intuitivo no me parece muy profesional, se corre el riesgo de obstaculizar el crecimiento y, en el mejor de los casos, de perder energía y tiempo.

Pretendo que el marco teórico que expongo a continuación ilumine de una manera sencilla el trabajo que se realizará al darle coherencia, fundamento y dirección. Explicito algunos términos fundamentales, porque son constructos básicos que todo facilitador humanista debe conocer, entender y estar en consonancia con ellos; estos conceptos han sido desarrollados, en su mayoría, por Carl Rogers y Fritz Perls; yo simplemente los reescribo y sintetizo.

El tipo de herramienta que propongo para promover el desarrollo de la persona está fundamentada en las concepciones humanistas acerca del ser humano y de la existencia como tal.

Concepción del ser humano

Ya en el capítulo primero desarrollé con amplitud este tema por lo que no lo repetiré; aquí simplemente quiero hacer algunas reflexiones al respecto.

Esta concepción no es más que una visión acerca del ser humano, pero quizá lo más importante es que el sensibilizador no la vea como algo abstracto, sino como algo fundamental en lo cual crea y viva en sí mismo, algo que experimente en sus propias relaciones cotidianas. Es muy cierto que cómo cada quien se experimenta a sí mismo y lo que cree de uno mismo es lo que verá en los otros; esta visión de uno mismo modifica cómo percibe la realidad y, por tanto, cómo interactúa con ella.

Creo que hay concepciones teóricas del ser humano y concepciones encarnadas; a lo que me refiero es precisamente a este último tipo de creencia, por lo tanto, creo que un humanista es aquel que se concibe a sí mismo como constructivo por naturaleza, espontáneo, creativo, libre y proactivo, o capaz de llegar a serlo.

La persona con actitudes humanistas siente que lleva dentro de sí todas las capacidades para su autorrealización; lo que requiere es un campo propicio para crecer. Si esto lo cree para sí mismo, entonces lo creerá para los demás. Esta manera de ver a los otros y a sí mismo no puede ser algo meramente racional; de ser así, no podrá transmitirla como real, sino que sería más bien algo fingido, que los otros de una u otra manera perciben como falso. Por lo mismo, cualquier persona que se quiera autonombrar humanista tendrá que preguntarse cuáles son sinceramente sus creencias y sus actitudes, tanto si trabaja como educador, como orientador, como sensibilizador, como psicoterapeuta o, en general, como facilitador de procesos humanos.

Constructos fundamentales

A continuación explico los constructos o conceptos teóricos que el sensibilizador gestalt debe comprender y manejar. Algunos de ellos los usaré en los siguientes capítulos, por lo que los explicito.

Tendencia actualizante

Quizá el constructo más importante y novedoso de la psicología humanista es la tendencia actualizante; esta idea afirma que todo organismo está animado por una tendencia inherente a desarrollar toda su potencialidad, de modo que sean favorecidos su conservación y enriquecimiento.

Todos tenemos esta tendencia que dirige al organismo en el sentido de su autonomía, su unidad y se manifiesta en la totalidad de la persona.

A este respecto, Rogers señala (y en esto fundamenta toda su teoría) que el ser humano trae dentro de sí, de manera innata, todas las posibilidades para conservarse y desarrollarse.

Como se dijo en un apartado anterior, lo que el organismo necesita para desarrollar esta tendencia actualizante es un terreno fértil donde no se le obstaculice, donde haya un ambiente empático, congruente y aceptante. A mejor ambiente, mejor desarrollo de esta tendencia.

Self

Se llama *self* a aquello que acepto como mío, que acepto que soy y que he experimentado como propio. No forman parte de mi *self* aquellas experiencias que amenazan mi autoconcepto o mi autovaloración; dejo esas experiencias sin aceptar como mías, las alieno de mí; o sea, es una porción de mi experiencia que no quiero reconocer como mía y que va a formar parte de mi campo fenoménico (algunos autores llaman a esto "yo" y "no yo").

El *self* representa la experiencia de una persona que ha sido asimilada y simbolizada, pero que, sin embargo, no constituye la totalidad, porque hay aquellas otras experiencias que no han sido incorporadas; en términos de Carl Rogers, han sido "subcibidas".

A mayor similitud entre el campo fenoménico y el *self*, mayor congruencia. Entonces, al permitirse la persona experimentar lo negado, lo alienado, hará que crezca, que pueda llegar a ser aquello que está llamada a ser, es decir, que incluya más partes de su experiencia como propias.

Campo fenoménico

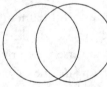 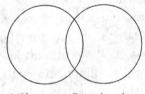

Self Experiencia   *Self*   Experiencia
Mayor congruencia   *Menor congruencia*

Experimentar

Es el proceso de la experiencia, es el aspecto vívido, activo y cambiante de los acontecimientos sensoriales y fisiológicos que se producen en el organismo.

Experimentar conscientemente es igual a simbolizar correctamente algo; la propia experiencia es la fuente del crecimiento; de aquí parte el fundamento metodológico del humanismo en la psicología de la tercera fuerza.

Los humanistas pensamos que de donde se puede realmente aprender, aprender significativamente, es de la propia experiencia. La persona ha de enfrentarse a su experiencia sin negarla para poder crecer, percibiéndola tal cual es, negándola lo menos posible, es decir, promoviendo que su *self* sea cada vez más parecido a su campo fenoménico. La mejor manera de lograr esto es promoviendo la vivencia, el contacto con la propia experiencia sin juicio *a priori,* aceptando la experiencia como es, tomando de ella lo que le sea de beneficio y comprendiéndose a sí mismo en ella.

Simbolización de la experiencia

Es la representación simbólica de alguna porción de nuestra experiencia, no necesariamente verbal, de tal manera que es manejable en el nivel consciente.

Cuando una experiencia puede ser simbolizada sin ninguna dificultad, sin quedar deformada a causa de defensas, decimos que esa experiencia está disponible a la conciencia, que hay una simbolización precisa y correcta, sin que intervenga ningún tipo de distorsión, acorde con nuestro concepto de nosotros mismos. Cuando es así, la experiencia se puede poner a prueba, es decir, se valida con nuevas experiencias; de lo contrario, simplemente se desecha.

Percepción

Es la combinación del resultado de estímulos con su significado de valor.

Subcepción

Es aquella porción de la experiencia que, por diversos motivos, es amenazante para nuestro autoconcepto y autoestima y que rechazamos. El organismo registra la experiencia sin hacerla consciente, incluyendo su significado de valor, y ésta se queda formando parte del campo fenoménico de la persona. En este sentido, el organismo tiene conocimientos que la conciencia prefiere ignorar: la experiencia ocurre, pero no está integrada como parte del *self*.

Centro de valoración

Se refiere a la fuente de los criterios aplicados por el sujeto en la valoración de la experiencia. En este sentido, puede ser una valoración interna o externa; la primera implicaría la evaluación y valoración de la experiencia hecha con criterios experienciales y significativos para la propia persona; la segunda, una valoración y evaluación de la experiencia personal por medio de los criterios o valores introyectados, que provienen de otras personas que de alguna forma tienen autoridad sobre nosotros.

Lo que buscaría la psicología humanista es que, cada vez más, el centro de valoración fuera la persona misma; por medio de esto nos acercamos a lo que llamamos una valoración organísmica, o sea, una valoración desde nuestro ser integral.

Proceso de valoración organísmico

Esta noción se refiere a un modo de valoración de la experiencia que no deja de evolucionar, de enriquecerse con las nuevas experiencias, que cambia y se amplía. Los criterios, entonces, no estarían fijos ni rígidamente determinados; se modificarían constantemente en función de una simbolización cada vez más correcta de la experiencia vivida y de la satisfacción o insatisfacción organísmica que conlleve.

Gestalt

Gestalt es una palabra alemana sin traducción idónea, que significa configuración, forma, organización de las partes. Es la organización de hechos, percepciones, conductas y fenómenos, mas no de los elementos individuales de los cuales se componen.

Darse cuenta

El darse cuenta o *awareness* no es una conciencia racional, sino una percepción o percatación con todo el organismo de lo que le está sucediendo aquí y ahora. Este percatarse provoca que la experiencia sea asimilada de manera integral, no sólo de manera racional.

Lo que busca la gestalt es que la persona aprenda a estar en contacto consigo misma, para darse cuenta de sus pensamientos, sus sentimientos, sus reacciones físicas y para que, así, aumente la conciencia de sí mismo.

Para Perls era muy importante que la persona aprendiera a estar en este mundo en forma plena, libre y abierta, sin usar más recursos que la apreciación de lo obvio, lo que es (Perls, 1976).

Podríamos decir que la gestalt es una metodología que nos enseña a ver lo obvio, a ver la realidad de una forma más completa e inmediata.

Figura y fondo

La naturaleza humana se organiza en formas o totalidades; es vivenciada por el individuo en estos términos. Puede ser comprendida únicamente en función de su propia gestalt o totalidad de las partes de las cuales se compone. Una totalidad está formada de una figura y un fondo. La figura es lo que sobresale de ese fondo; es aquella parte de la experiencia que es significativa para mí, en el aquí y en el ahora, porque va a cubrir alguna necesidad y entonces despierta mi interés. El fondo es la experiencia misma o la contextualización donde la figura se da.

Homeostasis

Es el proceso mediante el cual el organismo mantiene su equilibrio y su salud en medio de condiciones que varían. Si el organismo permanece en desequilibrio demasiado tiempo, enferma o muere. Lo mismo sucede si el organismo es incapaz de satisfacer sus necesidades. Entonces, el proceso homeostásico es el proceso de autorregulación mediante el cual el organismo interactúa con su ambiente para satisfacer la necesidad que en ese momento es más apremiante.

Así, para satisfacer necesidades, para pasar a otro asunto, para completar una gestalt, debemos ser capaces de sentir y saber qué necesitamos, saber manejarnos a nosotros mismos y saber manejar al ambiente para satisfacerlo.

Organismo

Es cualquier ser viviente que tiene órganos, una organización y mecanismos internos de autorregulación.

Un organismo no es independiente de su ambiente; requiere de él para intercambiar sustancias esenciales. Funciona como un todo; no es la suma de las partes, sino una organización específica y en proceso de reorganización permanente de acuerdo con las situaciones cambiantes de la existencia.

Aprendizaje significativo

Aprender es descubrir en la experiencia; se aprende cuando se está concentrado completamente en la experiencia; si no, no hay aprendizaje significativo. Aprender sólo racionalmente es nada más memorizar.

Madurez

Es la trascendencia del soporte ambiental al autosoporte; una persona es madura cuando pasa del soporte de otros al de sí misma, cuando se autoapoya.

Esto no puede darse en términos radicales, pues siempre necesitaremos del ambiente para satisfacer nuestras necesidades. Lo que aquí se implica es el logro de una auténtica autonomía, en donde se da una relación de interdependencia, no de dependencia.

Pauta crónica de detención

Es aquella forma de relación consigo mismo y con el mundo que es rígida, persistente y disfuncional y, por lo mismo, bloquea el desarrollo natural de la persona.

Las pautas crónicas de detención son generadas en el contacto con el ambiente y provienen, fundamentalmente, de tres tipos de vivencias:

a. Asuntos o necesidades inconclusas
b. Introyecciones
c. Experiencias obsoletas

Creación de la relación promotora del crecimiento

Todo buen sensibilizador gestalt debe tener ciertas actitudes básicas, establecer cierto tipo de relación y tener cierta filosofía del ser humano. Quien mejor ha elaborado estos conceptos es Carl Rogers con el enfoque centrado en la persona.

Carl Rogers, en el comienzo de su práctica profesional como terapeuta de niños y de padres con niños con problemas, se daba cuenta que algo faltaba. Las personas con las que trabajaba llegaban a un punto muerto donde se estancaban y él mismo no se sentía cómodo con esta metodología, que era más bien de orientación psicoanalítica. Sentía la relación con sus pacientes muy rígida, muy acartonada, distante y no suficientemente eficiente; esto no era de su agrado.

En un momento dado de su desempeño profesional, empezó a hacer a un lado estas técnicas y a ser más él mismo frente a sus pacientes. Dejó el rol rígido de terapeuta pasivo y obtuvo una respuesta extraordinariamente positiva con respecto a la fluidez y eficiencia del proceso terapéutico: se generaba un clima que ayudaba más a la autoexploración y al crecimiento en autonomía por parte del paciente.

Las actitudes que encontró como necesarias y suficientes para promover el desarrollo humano son: empatía, congruencia y consideración positiva incondicional.

Congruencia

Desde mi punto de vista, la más importante de estas actitudes es la congruencia. Sin ella, las otras dos no tienen sentido. La congruencia del facilitador hacia el otro quiere decir que en esa relación sea congruente, o sea, que niegue lo menos posible lo que está experimentando al relacionarse con su cliente; que no sea defensivo, que se dé cuenta de lo que está experimentando y de lo que está pasando en esa relación.

Una persona congruente, según Rogers, se definiría a sí misma sin negar casi ninguna parte de su experiencia y, por el contrario, una muy incongruente sería aquella que negara muchas cosas de sí misma, experiencias que ha tenido y que no ha podido asimilar. Sería altamente defensiva, pues cualquier cosa que le revelara algo más de lo que él piensa, pondría en juego su autoimagen.

Por lo tanto, el facilitador debe ser muy congruente en la relación, o sea, no defensivo, abierto, en contacto consigo mismo para ver qué le sucede ahí y expresarlo cuando sea importante y significativo para el otro y para su propio trabajo profesional.

Una actitud congruente por parte del facilitador modelará hacia el cliente la aceptación de su propia experiencia, sea cual sea, sin tener que negarla porque amenace su autoestima o su autoimagen.

Esto presupone que el facilitador tenga un trabajo permanente de revisión personal significativo, ya sea a través de su propia psicoterapia o de ser supervisado, que lo haga reapropiarse de las experiencias que tienda a negar y que podrían ponerlo a la defensiva en la relación de facilitación.

Hay un error muy común que se comete al hacer homologías entre la congruencia y la autenticidad. Congruencia es lo mencionado en párrafos anteriores; autenticidad es la expresión de lo que "se es" sin ocultamientos y de manera abierta, o sea, qué tanto "se asume" y "se muestra" con los demás. Es más bien un asunto relacional, porque tiene que ver con alguien más. La congruencia es más bien un asunto intra-personal, porque tiene que ver con uno mismo, con el nivel de aceptación o rechazo de las propias experiencias.

Consideración positiva incondicional

El término aceptación incondicional, como normalmente se ha traducido en la mayoría de los libros de Rogers, no me parece el más indicado; se debe, tal vez, a una mala traducción del inglés *unconditional positive regard*. Por lo mismo, prefe-riría manejarlo como consideración positiva incondicional.

La diferencia entre uno y otro es que, en primer lugar, la aceptación incondicional me parece imposible para el ser hu-mano. ¿Quién puede aceptar incondicionalmente al otro? Ni aun el amor maternal más entregado es totalmente incon-dicional. Se trata más bien, entonces, de una aceptación in-condicional en el sentido de que lo considera positivo sin con-dición; esto no quiere decir que lo apruebe, pues entonces implicaría un juicio de valoración con respecto a ciertas ca-racterísticas. Es innegable que en el uso común de la palabra aceptación hay la implicación de que se está aprobando; en el diccionario de la Real Academia Española aparecen, incluso, como sinónimos.

La aprobación es una forma de valoración y puesto que la facilitación de tipo humanista presupone que el facilitador no imponga su marco de referencia personal, no puede hablarse de aprobación o desaprobación; simplemente yo acepto a la persona como tal, en su totalidad, con una actitud positiva, con una consideración positiva, básicamente porque es persona.

Es decir, en este tipo de relación, el facilitador tiene que ser permisivo con el otro, despojado de juicios, con una consideración *a priori* hacia esa persona la cual va aumentando con el mayor conocimiento. Esta actitud es captada por el otro; él capta esa confianza y esa fe, se siente con la libertad de ser lo que "es" porque no está siendo evaluado, ni para bien ni para mal.

Empatía

Hay dos definiciones de Rogers que explicitan el término:

1. Es la capacidad para sumergirse en el mundo subjetivo de los demás y para participar en su experiencia en la medida en que la comunicación verbal y no verbal del otro lo permita (Rogers y Kinget, 1967).
2. Es la capacidad de ponerse verdaderamente en el lugar del otro, de ver el mundo como él lo ve (Rogers, 1974).

La empatía implica varias cosas: una gran capacidad de abstracción por parte del facilitador y una abstracción de la experiencia del otro, a través de su propia experiencia; es decir, si yo quiero entender al otro, tengo que entenderlo con su marco de referencia. Incluso va más allá, es captar la significación personal de su experiencia, más que responder al contenido intelectual de sus palabras.

Rogers precisa que se debe entender al otro *como si* fuéramos él mismo, sin perder la cualidad de "como si". Obviamente, nunca podremos ser el otro, ni tener su experiencia, pero mientras más podamos ponernos en sus zapatos *como si* fuéramos él, más lo podremos comprender. Si perdemos la cualidad del *como si*, ya no sería empatía, sería más bien simpatía, sería estar totalmente en resonancia con los sentimientos del otro, habiendo perdido límites entre el yo y el otro. Se pierde esa pequeña distancia que permite aportar algo nuevo. La empatía propicia la visión de que es el otro quien está vivenciando algo, aunque podamos entenderlo y comprenderlo según nuestra propia experiencia.

La empatía provoca la sensación de ser profundamente comprendido. Es la aprensión de aspectos tanto cognoscitivos como emocionales; la simpatía, contrariamente, sería la aprensión de los aspectos puramente emocionales y estaría centrado en el facilitador, no en el otro.

Esta comprensión empática va más allá de una comprensión lógica o de una dinámica de acuerdo con un modelo externo; implica una comprensión de los datos del cliente tal cual los presenta, una comprensión en el nivel verbal y no verbal, básicamente de los significados en cuanto a lo cognitivo y lo afectivo.

Estas tres actitudes mencionadas anteriormente son necesarias en cualquier facilitador, entendiéndolo como aquel que trata de promover el desarrollo de las personas en cualquier ámbito: familiar, grupal, social, etcétera.

Este enfoque promovido por Carl Rogers fue innovador, pues por primera vez se dijo que aquello que el terapeuta o el facilitador transmitan actitudinalmente va a promover un ambiente. Propuso las actitudes antes mencionadas para generar un ambiente adecuado que permitiera un crecimiento en libertad y respeto.

Las actitudes tienen un doble objetivo; por un lado, generar un ambiente promotor del crecimiento y, por otro, enseñarle a la persona a ser empática, aceptante y congruente consigo misma. Si este aprendizaje se logra, podrá fluir y desarrollarse mucho más, pues la hipótesis que maneja Rogers es que hemos detenido nuestro crecimiento porque hemos tenido que ser como no somos; hemos tenido que desviar nuestra tendencia natural a satisfacer necesidades tendientes hacia la complacencia o las necesidades de otros, para no perder el afecto de ellos.

En este proceso, Rogers consideró importante, incluso, hacer autorrevelaciones personales, siempre y cuando fueran útiles para el cliente, es decir, no en función de las necesidades del terapeuta, sino del cliente, que fomentaran una relación más horizontal, un encuentro más personal y completo.

Algo que ha caracterizado al enfoque centrado en la persona es que nunca ha visto como adecuado para esa relación que el facilitador controle al que busca ayuda, sino, más bien, el que promueva una autodirección. El facilitador no es experto en la otra persona, es solamente un conocedor de formas para lograr que el otro realice el encuentro consigo mismo. El único experto sobre uno mismo es uno mismo. La libertad personal y el respeto a los valores del individuo son características fundamentales de toda ayuda profesional que se precie de ser humanista.

En general, podemos decir que en la sensibilización gestalt hay que atender relevantemente a la experiencia, los sentimientos y los significados, para promover la autorrealización; en ella se trabaja con el aquí y el ahora, con lo que está presente, no con lo ausente. Busca que la relación entre facilitador y facilitado sea no defensiva; que el facilitador tenga un entrenamiento experiencial, o sea, que no solamente sea un teórico, sino que viva en sí mismo lo que está tratando de hacer que el otro viva.

En otros términos, una relación que promueva el desarrollo, debe tener, además de las actitudes mencionadas anteriormente, características que a continuación resumo:

Calidez

Según Trotser, se requiere de un *óptimun*, no de un *máximum*, de calidez, de acuerdo con lo que se vaya necesitando en la relación, centrado en el cliente, no en las necesidades del faci-1itador, y centrado en las necesidades de desarrollo, en las auténticas, no en las introyectadas. Como es obvio, la calidez irá siempre en un sentido creciente, hasta llegar al *óptimum*.

Una relación demasiado cálida genera expectativas de que va a cumplirse esa necesidad infantil de ser amado de una forma no realista. Por lo tanto, es necesario que el facilitador no genere en el cliente la expectativa de que recibirá absolutamente todo lo que ha necesitado, porque para la orientación humanista es importante que la persona cubra sus necesidades por ella misma y en la propia situación existencial de su vida cotidiana.

La calidez en la relación de ayuda le da al cliente la seguridad de ser apreciado y valioso, y también vitaliza la relación; pero hay que tener cuidado de que ésta no se convierta en un fin en sí misma, sino en un medio más para que la persona pueda florecer.

> Parece ser que lo que experimenta el individuo en terapia, es la experiencia de ser amado. Amado no de un modo posesivo, sino de un modo que le permita ser una persona distinta, con ideas y sentimientos propios y una manera de ser que le es exclusivamente personal (Rogers, 1974).

Responsividad

Otro aspecto importante en una buena relación de desarrollo es la responsividad: que haya una respuesta de ambas partes. Una manera muy efectiva de matar una relación es mantener un punto neutral, un nivel de indiferencia. Una relación está viva mientras se mueva, mientras haya respuesta de uno hacia el otro; esto es válido para cualquier tipo de relación humana, incluyendo la de facilitación. En esta última, los dos tienen que estar respondiendo a lo que ocurre; es una condición necesaria para que la relación siga vital.

Ausencia de imposición y coerción

En una relación de desarrollo, la ausencia de imposición y coerción se logra cuando se suspenden los juicios valorativos sobre el otro; cuando de verdad se cree que el otro es el único que sabe qué es lo mejor para sí mismo.

Es importante que el facilitador tenga esta creencia, para que no imponga sus valores. Con nuestra sola presencia transmitimos valores, pero no es lo mismo transmitirlos que imponerlos, y la mejor manera de no imponer es no hacer juicios evaluatorios.

Esta ausencia de imposición y coerción viene dada por una concepción liberal del ser humano por parte del facilitador. Se debe prestar atención en ello cuando se quiere ser facilitador: realizar un trabajo profundo sobre sí mismo para lograr esta libertad interna.

Respeto

Básicamente, deben respetarse las diferencias en todos los sentidos: de ideas, de sentimientos, de reacciones con respecto a las cosas.

El respeto implica que el otro es valorado no a causa de algún mérito o de alguna cualidad, sino simplemente porque es un ser humano. Este respeto debe ser gratuito y el cliente no debe hacer nada para merecerlo. Se funda en que el otro es único y es el más competente para determinar su vida, para arriesgarse, para buscar y decidir qué le conviene.

Permisividad de expresión de sentimientos, positivos y negativos

Esta cualidad está sustentada en la creencia de que más vale expresar que no hacerlo, porque lo que no se comunica, se actúa. Es una energía que no se queda ahí presa; se hace algo con ella, y es mejor hacerlo abierta y directamente que de modo subrepticio.

La única limitación sería la violencia física, pero sin llegar a ese extremo se atiende todo lo que el otro quiera contar, independientemente de que sea calificado como profundo, como trivial o sin importancia, lo que hay que buscar es que el otro se exprese.

Seguridad psicológica

Es importante que el facilitado sepa que habrá confidencialidad absoluta, respeto a su intimidad y que es una relación fundamentada en la honestidad y en la ética de un profesional.

Límites

Los límites van de acuerdo con las limitaciones de cada persona, sin importar que éstas sean irracionales. Toda relación tiene límites, ninguna es totalmente abierta, siempre debe encuadrarse en un contexto generado mutuamente con los límites que garanticen la seguridad.

La esencial de estas condiciones básicas es el amor, pero no cualquier tipo de amor; si el facilitador quiere ser efectivo, es inevitable que se involucre en un encuentro humano con el otro. Amar basándose en lo que es el otro, no en lo que hace; aceptándolo y respetándolo; queriéndolo con calidez; esperando y deseando que el otro decida optar por la vida, aunque tiene derecho a no optar por ella; deseando ayudarlo cuando él lo quiera, no cuando el facilitador lo quiera; respetando sus decisiones sean cuales fueren; sin posesividad.

Alguien que ama es afectado por la conducta del otro, algunas cosas le gustan y otras no, pero básicamente lo respeta y lo quiere por lo que es. Uno no puede amar hasta que es amado por alguien. El más poderoso reforzador de la conducta es una buena relación humana.

Para Rogers es muy importante el respeto, pues previene el control, la manipulación y la posesividad por parte del terapeuta.

Rogers trata de generar una relación amorosa en su sentido más puro, no posesiva, pues una relación de este tipo es la mejor promotora del crecimiento. Desgraciadamente, la mayor parte de nuestras relaciones no son así, por eso muchas personas necesitan alguien que los facilite; nadie necesitaría una relación profesional de ayuda si tuviera a su alrededor relaciones que fomentaran su crecimiento.

Con respecto a las "condiciones suficientes y necesarias" para lograr una relación de crecimiento, Rogers señala que son las siguientes:

1. Que la persona desee su propio desarrollo.
2. Tiene que haber un mínimo de contacto de algún tipo (verbal o no verbal) de tal forma que las personas establezcan una relación.
3. Tiene que haber comunicación de empatía, consideración positiva y congruencia por parte del facilitador, y éstas tienen que llegar al facilitado. No basta la inten-

ción, el facilitador tiene que ser lo suficientemente hábil para trasmitirlo y que el otro lo capte.

Rogers lo plantea de este modo:

> Si me muestro capaz de crear una relación que se caracteriza por mi parte, por una autenticidad transparente, por una acogida calurosa y por sentimientos positivos respecto de lo que hace que su personalidad sea diferente de la mía; por una capacidad de ver el mundo y el yo del cliente tal como los ve él mismo, en este caso, la persona con quien yo sostengo tal relación se vuelve apta para ver y comprender por sí misma los aspectos que, hasta entonces, había negado a su conciencia.

Podríamos agregar que evoluciona cada vez más hacia el tipo de persona que desea ser; funciona con una facilidad y una confianza cada vez mayores, se actualiza como persona, es decir, como ser único que piensa y actúa de un modo que le es personalmente característico. Se vuelve capaz de abordar los problemas de un modo adecuado y con menor gasto emocional.

Este texto es válido también si lo aplico a las relaciones con mis alumnos y colegas, con mi familia y mis hijos. Tengo la impresión de que se trata de una hipótesis general que aporta enormes posibilidades al desarrollo de la creatividad, de la adaptación y de la autonomía en los individuos (Rogers y Kinget, 1967).

Teoría de la motivación

Para Rogers y para los humanistas en general, no existen motivaciones externas, nadie puede motivar a nadie. Tenemos un sistema innato de motivación que se llama "tendencia actualizante", la cual nos hace satisfacer las necesidades de una manera consecuente con nosotros mismos.

Todo organismo está animado por una tendencia inherente a desarrollar toda su potencialidad y a hacerlo de modo que queden favorecidos su conservación y su enriquecimiento.

Es una tendencia que dirige al organismo en el sentido de la autonomía y la unidad, y es manifestada por él en su totalidad.

El ser humano es proactivo. Con esto quiero decir que no busca el equilibrio, busca satisfacer activamente sus necesidades y una vez satisfecha una, surge otra.

El equilibrio no es el estado natural del ser humano, más bien es un proceso permanente de cambio y movimiento. Un movimiento unificado por esta tendencia actualizante, que se da cada vez que surge una nueva necesidad, provoca que nuestro organismo se organice de una manera específica para satisfacerla y, al hacerlo, incorpora elementos que modifican nuestra propia gestalt.

No necesitamos que nada nos motive externamente, tenemos un sistema innato de motivación y nuestros motivos son dos: la supervivencia y la autorrealización; lo que el organismo busca naturalmente y para ello no necesitamos nada externo.

Cuando nos "condicionan" y "domestican", aprendemos lo externo y empezamos a perdernos a nosotros mismos.

Teoría del aprendizaje

Siendo consecuentes con lo anterior, habría dos tipos de aprendizaje: el memorístico o no significativo y el significativo. De ellos, el que más sirve para nuestro desarrollo es el segundo; está centrado en el hecho de que la persona aprende aquello que le es importante para su momento, aquí y ahora, y que está arraigado en su propia experiencia. Todos los demás aprendizajes no son en verdad tales, no están asimilados en la persona, sólo sirven como información, como memoria.

Desgraciadamente, nuestro sistema educativo está fundamentado en el primer tipo de aprendizaje, en donde lo que importa es la información y no la formación. En este sistema tradicional, los objetivos, los temarios, la metodología, los sistemas de evaluación y la bibliografía son impuestos desde afuera, en función de las necesidades sociales del sistema y no en función de la propia integración del alumno.

El maestro es imagen de autoridad: ordena, vigila y sanciona. Centraliza el poder y no lo comparte con los alumnos, porque básicamente en el sistema tradicional existe desconfianza hacia el alumno: se piensa que él no sabe lo que necesita; quien lo sabe es el maestro. Éste genera una imagen de sabio que guía, dicta y hace saber que sólo él y el texto son fuentes de conocimiento. Esto genera relaciones de mucha dependencia.

Esta enseñanza es básicamente informativa, se da en un nivel cognitivo, teórico y sin experimentación por parte del alumno. Así, se genera un ambiente de competitividad, pues el maestro estimula al bueno y castiga al malo, hay una forma externa preestablecida de qué es ser un buen o un mal alumno. Bueno es aquel que va de acuerdo con las creencias de ese sistema educativo y, por lo tanto, del maestro; malo es quien no cumple con eso. No importa la persona, importa el sistema; cuentan más los roles de maestro o de alumno, que las personas mismas.

Así, las personas no se desarrollan como tales, son alumnos poco comprometidos con el programa y con el estudio, ya que no es el aprendizaje que ellos desean, es el que otro desea que tengan.

A largo plazo, esto también genera personas que no se involucran, que están acostumbradas a recibir las cosas hechas, son poco creativas, poco proactivas, más bien pasivas y receptivas; por el contrario, son altamente competitivas, tratan de alcanzar el éxito a toda costa. Se produce una dependencia en la acción y los alumnos empiezan a tener sentimientos de agresión hacia el maestro, lo cual entorpece el aprendizaje, sobre todo en aquellos que han sido considerados como malos. Por eso no es de sorprender que los alumnos con mejores calificaciones sean muchas veces tan incapaces en la vida profesional y viceversa.

Este tipo de enseñanza crea dependencia en el conocimiento y, en algunas personas, muchos sentimientos autodevaluatorios, la idealización del maestro y el consecuente riesgo de sentirse defraudados por esta fantasía, al descubrir que el maestro es un ser humano como todos.

Se da también el olvido de lo aprendido y alumnos tendientes a la abstracción, con grandes dificultades de enfrentar la vida concreta, muy racionalizadores y muy desconectados de sus sentimientos y experiencias. Lo mejor que puede pasar en este tipo de enseñanza es convertir a las personas en eruditos, más no en sabios.

Curiosamente, en este sistema el alumno deficiente se vuelve más deficiente, hay mucha frustración, individualismo y egoísmo, lo cual provoca, a futuro, deshumanización y poca conexión de la persona consigo misma.

¿Cómo sería entonces el tipo de educación que el humanismo propone? Para comenzar, todos los individuos tendrían los mismos derechos. Bajo esta concepción, todos serían especiales de alguna forma, pues no somos idénticos. Esta forma de educar se basa en la premisa de que todos tenemos diferencias importantes que tienen que ser respetadas. Lo primordial es promover el aprendizaje significativo para que cada persona pueda ser un ser humano mejor.

El objetivo es ayudar a los alumnos a convertirse en personas capaces, con iniciativa propia para la acción, la elección y la autodirección inteligente, con conocimientos relevantes para solucionar problemas; capaces de adaptarse creativamente a las situaciones, de utilizar la experiencia de una manera libre y creativa, de cooperar con los demás y trabajar en términos de sus propios objetivos socializados.

Por lo tanto, las premisas educativas del aprendizaje significativo, de acuerdo con la propia tendencia actualizante y el propio proceso de valoración organísmico, serían las siguientes:

Primera. No podemos enseñarle a otra persona directamente, sólo podemos facilitar el aprendizaje.

Segunda. Una persona aprende significativamente sólo aquellas cosas que percibe vinculadas con su supervivencia o el desarrollo de su ser.

Tercera. Sólo podemos aprender en un ambiente no amenazante a nuestra imagen y autoestima. Tendemos a resistirnos a una experiencia que al ser asimilada, implicaría un cambio de la organización del sí mismo, a través de la negación o distorsión de la simbolización. La estructura y organización del sí mismo parecen ser más rígidas frente a las amenazas. La experiencia que se percibe como incongruente con su sí mismo, sólo puede ser asimilada si la organización habitual del sí mismo se relaja y se expande para incluirla, y esto se promueve efectivamente en un ambiente permisivo y respetuoso.

Cuarta. La situación educativa que promueve eficazmente el aprendizaje significativo, es aquella en que:

a. Las amenazas al sí mismo se reducen a un mínimo.
b. Se facilita la percepción diferenciada del campo de la experiencia de aquellas que han sido amenazantes.

Esto se puede lograr generando un ambiente donde exista empatía, aceptación y congruencia.

Sintetizando:

El facilitador no es un experto, es solamente un conocedor de formas para lograr que el otro realice el encuentro consigo mismo. El único experto con respecto a uno mismo, es uno mismo. La libertad personal y el respeto a los valores del individuo son características fundamentales de toda sensibilización que se precie de ser humanista.

El ser humano puede y necesita aprender nuevas formas de conciencia y de conducta para desarrollarse como tal y para realizar su propia naturaleza.

Es más importante para comprendernos y desarrollarnos como humanos la descripción de los fenómenos que nos afectan, que el buscar su causa.

El humanismo da relevancia a las sensaciones, sentimientos, pensamientos, los mensajes corporales y la experiencia misma de la persona, pues sabe que el individuo funciona de manera unificada y que sólo así se puede promover la autorealización; trabaja con el aquí y el ahora, con lo que está presente, no con lo ausente. Busca que la relación facilitador-facilitado sea no defensiva, que el facilitador tenga un entrenamiento experiencial, que no solamente sea un teórico, sino que viva en sí mismo lo que está tratando de hacer que el otro viva.

La comunicación de actitudes tiene un doble objetivo: por un lado, generar un ambiente promotor del crecimiento y, por otro, enseñarle a ser así, es decir, a ser empático, aceptante y congruente consigo mismo. Si este aprendizaje se logra, podrá fluir y desarrollarse mucho más como ser humano. Nos hemos detenido en nuestro crecimiento porque hemos tenido que ser como no somos; hemos tenido que desviar nuestra tendencia natural a complacer a otros, para sobrevivir en un mundo en el cual nos sentimos carentes de poder. Este poder hay que recuperarlo y lo lograremos mejor haciéndonos más sensibles hacia nosotros mismos y a lo que nos rodea.

CAPÍTULO 4

Metodología y técnicas de la sensibilización gestalt

Aplicación de la sensibilización gestalt

Como había dicho antes, la sensibilización gestalt se puede usar en una relación uno a uno o en una relación grupal. Puede surgir espontáneamente o ser planeada; por ejemplo, se puede hacer un ejercicio dentro de un grupo terapéutico cuando es adecuado para movilizar la energía o porque el mismo trabajo terapéutico lo pide. También cuando hay una temática común en el grupo, el terapeuta puede generar un ejercicio de sensibilización que ayude a incrementar el contacto con esa temática.

Otra situación sería cuando en el grupo terapéutico no parece haber nada emergente o importante para trabajar; entonces, el terapeuta puede generar un ejercicio de sensibilización donde todo el grupo se involucre y a partir de él, poder trabajar posteriormente.

A continuación abordaré de manera más amplia cómo aplicar la sensibilización gestalt.

Planeada

Esto sería lo que se conoce como un taller vivencial de sensibilización. Puede darse de forma intensiva o semanal. La primera opción suele ser más usual en nuestro país, donde las personas se reúnen un fin de semana a hacer ejercicios de sensibilización, compartiendo durante varios días.

En cuanto al taller semanal, puede ser de duración diversa (desde un mes hasta más de un año); las temáticas pueden ser abiertas y generales, u orientadas a un tema (pareja, padres, asuntos inconclusos, etcétera).

En la forma planeada hay:

a. Límite de tiempo
b. Objetivos
c. Temática
d. Definición del tipo de participantes

A las personas que van a participar se les informa la duración, la temática y el objetivo. El facilitador ha de contextualizar bien los límites, ya que algunas personas pueden creer que entrar a un grupo de sensibilización es lo mismo que entrar a un grupo de psicoterapia y, como ya lo he dicho, no es así. Si algún facilitador piensa utilizar la sensibilización como una forma de introducción para hacer psicoterapia, es conveniente que lo explicite.

Espontánea

No necesariamente quien hace sensibilización planeada sabe hacerla espontánea; ésta implica conocimientos mayores del facilitador y, sobre todo, mayor habilidad y experiencia. Implica tanto haber vivenciado como utilizado muchas veces experimentos de sensibilización, de tal manera que pueda incluso generar nuevos ejercicios y experimentos. Implica generatividad, creatividad, inventiva y seguridad personal. Consiste en poner uno o varios ejercicios de sensibilización, durante el proceso grupal o individual, cuando se considere adecuado.

En los grupos de tipo psicoterapéutico, la sensibilización gestalt espontánea es una excelente herramienta que no implica necesariamente un trabajo o problemática específica, sino más bien una labor de expansión, de descubrimiento, de darse cuenta de temas que son comunes a todas las personas, como, por ejemplo, expresión de enojo, manejo del afecto, relaciones con la autoridad, etcétera.

Otro tipo de colectivos en donde se puede aplicar la sensibilización gestalt de tipo espontánea son los escolares, grupos de capacitación, laborales, en donde es necesario movilizar la energía para lograr una mejor integración grupal o interpersonal y/o lograr una mejor aprehensión de contenidos.

Educación y reeducación

La sensibilización gestalt puede aplicarse a todo proceso educativo o de aprendizaje del ser humano y sus posibilidades son infinitas; limitarla únicamente a un proceso terapéutico sería encerrarla en un ámbito muy reducido, cuando puede ser una excelente herramienta de crecimiento en empresas, escuelas, reclusorios, familias, etcétera. En este sentido, todo depende de la habilidad y creatividad de quien la esté aplicando (por cierto, los resultados al hacer sensibilización con niños son extraordinarios).

En general, podemos decir que la sensibilización gestalt es una de las herramientas más útiles para promover el desarrollo de las personas.

Para la psicología humanista, se trata de educar y reeducar, no de curar, porque el ser humano, desde este punto de vista, no es intrínsecamente enfermo.

Una educación para el desarrollo humano

El sistema educativo de nuestro país es muy deficiente, lo más que logra desarrollar son ciertos niveles de conocimientos y, aun éstos, con enormes deficiencias. En dicho sistema, como lo he expresado anteriormente, hay mayor atención hacia el desarrollo de la capacidad de memoria que hacia el desarrollo del pensamiento autónomo; hay una tendencia a darle más importancia al pensamiento concreto –que es la más primitiva de las inteligencias– que al pensamiento abstracto, y ya ni digamos al pensamiento lateral.

En todo proceso de educación, sería deseable que se integraran técnicas de sensibilización, de tal forma que no solamente se trabaje con lo intelectual, sino también con lo emocional y lo corporal.

El proceso de reeducación

La pregunta que surge de este tema es: ¿por qué hay que reeducar?

Obviamente, hay que hacerlo porque esa educación que generalmente todos hemos recibido, no es más que una imposición externa de valores, conceptos e ideas que no corresponden necesariamente a la tendencia actualizante del individuo. Muchas de las cosas que aprendimos nos están haciendo daño, no han sido asimiladas por nuestro organismo, ya sea porque no hemos tenido tiempo para asimilarlas, procesarlas, masticarlas, o porque se oponen a nuestro desarrollo y van en contra de nuestra actualización en todos los niveles.

De este modo, la sensibilización gestalt es una excelente herramienta para ayudar a que la persona se ponga en contacto con su sabiduría organísmica, con su verdad interior, y así pueda cuestionar y desechar aquello que no es de ella misma, que ha sido introyectado y que no corresponde a su ser, que le está impidiendo su crecimiento.

Entiendo como reeducación, desaprender cosas que nos son inútiles e inclusive dañinas, y como educación el aprender cosas que están en el presente listas para ser asimiladas.

En el fondo todo proceso terapéutico y todo proceso facilitador del crecimiento, es un proceso tanto educativo como reeducativo.

Diseño de programas de sensibilización gestalt

Introducción

A continuación, deseo compartir la forma en la cual hago el diseño para este tipo de cursos y programas. Esto es, en parte, algo que he ido aprendiendo a lo largo de mi práctica profesional y creo que es simplemente un modelo práctico y de sentido común que me ha ayudado a ahorrar tiempo y esfuerzo y me permite tener a la mano los materiales que he ido generando. Espero sea de utilidad para otros.

Pasos para el diseño de un taller de sensibilización

Antes de diseñar una intervención de sensibilización gestalt es importante que el o los facilitadores se tomen tiempo y espacio para planear y tener claros los puntos siguientes:

1. *Investigación previa.* Este punto es importante cuando se trabaja con un grupo preestablecido, por ejemplo en una escuela o una empresa. Es importante averiguar la

problemática, las expectativas que hay puestas en nuestra intervención, su liderazgo, lo que ya han experimentado previamente en cuanto a otros cursos e intervenciones del mismo tipo y cualquier aspecto que nos dé información para diseñar una intervención a la medida de las necesidades del grupo.

2. *Definir el programa.* Después de realizado lo anterior y de acuerdo con el número de horas, lugar disponible y necesidades del grupo, se arman detalladamente tanto los ejercicios a realizar, como el material didáctico que se usará.

3. *Establecer recursos y límites.* Se define con exactitud cuáles van a ser los objetivos y alcances de nuestra intervención, lo que se espera que realicemos y lo que resulte de ello.

4. *Establecer requerimientos especiales.* Consiste en determinar muy concretamente los requerimientos tanto de orden físico y material como de orden académico; por ejemplo, qué tipo de salón se necesita, con qué características, cuántos facilitadores, etcétera.

Cómo se presenta una propuesta de taller

Cuando se va a trabajar con un grupo preestablecido, hay que enviar por escrito una propuesta, o sea, una descripción de la intervención. Si se va a ofrecer abierta a todo público, es importante presentar por escrito un folleto que describa, en términos generales, lo que se pretende llevar a cabo. En ambos casos, deben incluir los siguientes puntos:

1. *Objetivos.* Una descripción general de lo que se espera que los participantes obtendrán al finalizar la intervención.

2. *Dirigido a.* Un perfil del tipo de personas para el cual fue diseñada la intervención, por ejemplo, a padres de familia, al personal secretarial de IBM, a cualquier persona interesada, a personas de 18 años en adelante, etcétera.

3. *Número de participantes (máximo y mínimo).* Aquí se señala cuál es el número mínimo y máximo que se requiere para que la intervención pueda realizarse.

4. *Duración y forma de distribución del tiempo.* Es la presentación general del contenido y duración de la intervención. Es importante no ser demasiado detallados y específicos en cuanto al contenido, pues se corre el riesgo de que se pirateen nuestro diseño.

5. *Metodología.* En términos generales, se explicita qué metodología se va a usar, si es de tipo vivencial o teórico, si incluye prácticas para desarrollo de habilidades, etcétera. En cuanto a la sensibilización gestalt, suelo describir la metodología más o menos de la siguiente forma: experiencia vivencial orientada al incremento del autoconocimiento, la sensibilidad y la conciencia.

6. *Temario general.* Describir, con poco detalle, los contenidos. Algunas veces esto no es necesario específicamente en intervenciones que sean totalmente orientadas a la vivenciación.

7. *Lugar.* Especificar el sitio donde se llevará a cabo la intervención, dando dirección y las orientaciones suficientes para localizarlo con precisión.

8. *Materiales necesarios.* Se especifica lo que los participantes tienen que llevar, por ejemplo, ropa cómoda, un cojín, una cobija, una foto de cuando eran pequeños, etcétera.

9. *Obligaciones bilaterales.* Esto se explicita especialmente cuando se va a trabajar para un grupo preestablecido.

Debe quedar muy claro y por escrito hasta dónde llega nuestro compromiso, tanto de tiempo, como de material, y de cualquier otra cosa que se nos pueda pedir; lo mismo con respecto al grupo que nos contrata. Por ejemplo, es importante especificar cuando el grupo se compromete a conseguir y pagar el salón o la comida y todo ese tipo de detalle logístico, porque si no quedan especificados, se corre el riesgo de tener problemas.

10. *Costo y forma de pago.* Especificar el costo y las condiciones del pago.

Cómo se presenta la carpeta con e' curso diseñado

Me parece muy importante preparar profesionalmente el material y las intervenciones en general. A mí me ha sido muy útil el desarrollo detallado de lo que pretendo hacer y lo hago de tal manera que cualesquiera de mis colegas, al estudiar un poco mi carpeta, pudiera impartir el curso en mi lugar. Esto es útil tanto para emergencias, como cuando efectivamente yo o alguno de mis cofacilitadores se ausenta y, además, para conservar el acervo de material y ejercicios disponibles.

La carpeta debe especificar:

1. *Objetivos.* Una descripción general de lo que se espera que los participantes obtenga al finalizar la intervención.
2. *Dirigido a.* Una definición del tipo de personas para las cuales fue diseñada la intervención.
3. *Número de participantes (máximo y mínimo).* Aquí se señala cuál es el numero mínimo y máximo para que la intervención pueda hacerse.

4. *Duración y forma detallada de distribución del tiempo.* Es la presentación detallada y específica de la duración y el contenido de la intervención. Es importante ser muy detallados y específicos en cuanto al contenido, para que nuestro material sea muy claro y se facilite su uso.
5. *Metodología.* En términos generales se explicita qué tipo de metodología se usará.
6. *Temario específico.* Incluye todos los ejercicios, paso a paso, y el material de soporte que se usará en cada uno. Es muy importante que esto se haga al detalle, para que quede muy claro y sea fácil usarlo en el momento de la intervención.
7. *Lugar.* Especificar el tipo de lugar que requerimos para hacer el trabajo.

El diseño experiencial

Éste es un modelo que originalmente usaban en la University Associates de La Jolla, California, y que he modificado un poco para usarlo al crear los ejercicios de sensibilización. Implica tres pasos:

1. Preparando. El ejercicio tiene que estar bien probado y relacionado con un modelo teórico.
2. Experienciando (haciendo)
   • Simplificar instrucciones y lenguaje.
   • Que cada quien tome sus riesgos a su paso.
   • Que las instrucciones sean claras y concretas.
   • Cambiar la estructura física para deshacer grupos cuando así se considere necesario.
   • Aceptar lo que la gente haga mientras no interfiera con el proceso de los demás.

- Poner ejercicios que impliquen un poco de riesgo para el momento en que está el grupo, pero cuidando que el riesgo no sea excesivo.

3. Procesando:
   - No evaluar a las personas.
   - No comparar a una persona con otra. Comparar ideas o experiencias pero no personas.
   - No interpretar.
   - Facilitar que la persona descubra por ella misma.
   - No manipular la información.
   - No permitir el acaparamiento.
   - Personalizar y responsabilizar.
   - Que la forma de procesar sea impactante, novedosa o divertida.
   - Promover el aprendizaje del mensaje que la persona se envía a sí misma.
   - No imponer.
   - Ser concreto.
   - Ser claro y preciso.
   - Generar sólo la información que se pueda manejar en ese momento.

Principios del diseño experiencial

1. *Involucramiento*. Que todo mundo esté haciendo algo y que no haya observadores pasivos.
2. *Secuencia*. Ir de menos a más y de más a regular.
3. *Ritmo*. Mantener a las personas involucradas, pero estar atento a los efectos de esto y a la fatiga.
4. *Voluntariedad*. No presionar a que hagan algo que no quieren, pero no permitir la total desinvolucración.
5. *Normas*. Construir continuamente y a través de la propia actitud la sensibilidad, participación, experimenta-

ción, responsabilidad y apertura que se desea que exista entre las personas del grupo.

6. *Información.* Estar siempre presente; constantemente hay algo o alguien que está dando información ya sea en forma verbal o no verbal. Buscarla y aprovecharla.

7. *Flexibilidad.* Siempre prepararse para la posibilidad de cambiar el diseño; revisar constantemente si hay algo que modificar. Tener material y ejercicios de reserva.

El grupo

En este apartado quiero explicitar cómo hacer un taller de sensibilización gestalt ya sea intensivo, semanal o con una frecuencia diferente.

Al referirme a esto, sé bien que no voy a abarcarlo todo, sino más bien aspectos que he ido descubriendo como importantes para ser tomados en cuenta al planear un taller.

Selección de participantes

La selección de los miembros de un taller de sensibilización no tiene que ser muy estricta, de hecho puede estar dirigido a cualquier persona que quiera desarrollarse, pero hay ciertos aspectos que el sensibilizador debe saber con respecto a los participantes:

Primero: Si el solicitante ha estado o está en tratamiento psiquiátrico. Esto ayuda a entender dónde está la problemática de la persona y las reacciones que pueda tener durante el taller, para tener un mayor cuidado ante una posible psicotización.

Segundo: Si está tomando algún tipo de medicamento, por ejemplo, ignatia en un tratamiento homeopático; esto indicará que está trabajando cierto tipo de problemática y que se encuentra en un determinado estado de ánimo; o cuáles pueden ser sus reacciones si está tomando antidepresivos. Este tipo de información puede ayudar a entender qué factores están influyendo en la persona y da la posibilidad de comprenderla mejor.

Tercero: Si está en tratamiento psicoterapéutico. En general es preferible aceptar personas que están en psicoterapia, ya que eso implica la posibilidad de que pueden continuar trabajando por su cuenta con el material que surja en el taller. Con las personas que no están en psicoterapia se pone más cuidado y, si es necesario, se les recomienda que se incorporen a este tipo de proceso con algún colega.

Cuarto: Si la persona viene sola o acompañada, con el objeto de conocer si va a haber alianzas o problemas de interrelación, e incluso si va a tener soporte y apoyo.

Quinto: Cuál fue su fuente de información para acercarse al taller, quién lo recomendó.

Es importante tener en cuenta estos aspectos para prever situaciones.

Mitos sobre los grupos

Existe a veces la fantasía o la expectativa de que en los grupos de sensibilización las personas deben llevarse bien, deben ser solidarias, tener empatía, pero esto no necesariamente es deseable, lo único que busco en un grupo es que haya respeto a la opinión y experiencia de los demás, pero no me interesa que se lleven bien entre sí; me interesa que se den cuenta qué les pasa si el otro les despierta algo agresivo, afectivo o cualquier otro tipo de reacción.

Si el grupo tiene la expectativa de hacer amigos, de lograr nuevas relaciones, está bien, pero yo no lo promuevo. Respeto esa necesidad pero no busco propositivamente su satisfacción, lo que importa, y en donde pongo mi atención y energía, es en que las personas tomen contacto con lo que realmente está ocurriendo aquí y ahora, dentro de sí mismos y en el mundo que les rodea.

Yo espero un grupo natural, que se comporte como nos comportamos naturalmente en la vida, o sea, que represente en realidad al mundo externo, en donde no necesariamente todos somos amigos ni nos queremos mucho o empatizamos con todos; más bien hay quienes no nos simpatizan, al menos de inicio, y algunos que sí; algunos promueven la proyección; otros la introyección, con algunos nos gusta estar y con otros no. Yo prefiero que eso siga sucediendo en el grupo para que la gente aprenda qué le pasa y qué hacen con eso.

Considero importante que las personas descubran, bajo circunstancias lo más natural posibles, qué les pasa con las reacciones espontáneas de los demás. El objetivo es el autodescubrimiento a través de las diferencias individuales.

En el grupo de sensibilización gestalt no se busca la cohesión o el desarrollo de habilidades de comunicación; el objetivo es incrementar el darse cuenta y la responsabilización. La sensibilización gestalt no tiene objetivos demasiado concretos, busca, como ya hemos dicho, el desarrollo de las potencialidades de las personas a través del incremento de su darse cuenta.

Otro de los mitos de los grupos de sensibilización es que los participantes deben salir de la experiencia "elevados emocionalmente" o, por lo menos, muy contentos; desde mi punto de vista, lo deseable es que salgan con los pies puestos sobre la tierra, en contacto con la realidad y no subidos en la fantasía.

También se piensa que la sensibilización es un medio para incrementar el placer y esto no necesariamente sucede; a veces se toca el placer, pero también el dolor y esto no quiere decir que sea algo malo, quiere decir que está saliendo a flote un dolor que ahí estaba. Es un laboratorio en donde van a emerger en la persona aspectos que no estaban en su conciencia pero sí en su organismo y esto puede generar sensaciones que no son necesariamente placenteras, aunque tampoco necesariamente dolorosas; habrá de los dos ingredientes.

Contrato

Yo llamo contrato a la explicitación del facilitador hacia los participantes de los objetivos, metodología, secuencia, límites de tiempo, reglas de lo que se vale y lo que no, y reglas administrativas.

El contrato siempre tiene que ser explícito, es decir, que los participantes deben saber qué pueden esperar y, de ser posible, este contrato debe hacerse en una entrevista previa a la experiencia misma; si no, hay que hacerlo al comenzar la intervención.

El contrato es un compromiso de trabajo mediante el cual se responsabilizan ambas partes del qué y el cómo de su participación. Esto es importante, pues hay personas que acuden a cualquier actividad con tal de que tenga el título de crecimiento personal, y hay facilitadores que, aun cuando anuncian un curso determinado, terminan impartiendo otro.

Quien compra un producto tiene derecho a saber qué está comprando.

Ayuda al facilitador el hacerse las siguientes preguntas para aclarar a qué se va a comprometer:

a. ¿A quiénes va dirigido el taller?
b. ¿Para qué es el curso?
c. ¿Cuáles son los objetivos?
d. ¿Qué metodología se utilizará?
f. ¿Qué duración es la adecuada?
g. ¿Horarios?
h. ¿Fechas?
i. ¿Lugar?
j. ¿Cuántos cofacilitadores necesita y a quiénes invitar para esta función?

A los participantes se les pide precisamente que participen, que estén, que asistan; no se les pide determinado comportamiento porque cada quien tiene su forma particular de aprender y de estar; hay personas más activas, más participativas, y hay quienes permanecen más pasivos, aparentemente menos participativos, pero los niveles de aprendizaje sólo la persona misma los conoce. Por ejemplo, he tenido personas en grupo de terapia que han estado hasta seis meses sin participar, sin actuar, sin hablar y que reportan que su aprendizaje y su cambio han sido enormes; por eso ya no creo que ciertas señales externas hablen necesariamente de lo que está pasando en el interior de las personas. Entonces, el compromiso del participante es simplemente estar, pagar y avisar al grupo cuándo ya no va a asistir.

Factores elementales y necesarios para el crecimiento individual en grupos

Hay cuatro factores que me parece indispensables para que el sensibilizador promueva en los participantes un adecuado ambiente grupal y para fomentar mejor el crecimiento de las personas que lo integran:

Apertura. Ésta se fomenta primordialmente con modelar la no evaluación y la aceptación de las diferencias. El facilitador puede servir de modelo, siendo él también abierto con respecto a sus propias carencias y errores.

Retroalimentación. Es muy importante en los grupos de sensibilización gestalt, tanto durante los ejercicios como durante el procesamiento. La información más importante proviene de los participantes, pues el facilitador promueve el proceso del darse cuenta, pero sólo en contadas ocasiones da su punto de vista, mientras que el grupo dice cómo percibe al otro de una manera espontánea, y aunque éstas sean muchas veces proyecciones, de todas formas el otro recibe una información, a veces bastante acertada de cómo es percibido. Por ejemplo, si alguien recibe como retroalimentación del grupo que su actitud es muy adusta, el hecho de que esta información provenga de más de una persona le reporta cuál es su actitud frente a la gente, cómo es vivido y experienciado.

Creo que cuando llegamos a grupos de este tipo, nadie deja colgada afuera su personalidad, cualquier cosa que hagamos habla de nuestra forma de ser, con más o menos autenticidad, con más o menos juego de roles.

Toma de riesgos. Es fundamental fomentar la toma paulatina de riesgos en el grupo, calibrando dónde está la mayoría, viendo qué les resulta amenazante y qué fácil, siempre tomando como criterio al promedio, para que los menos arriesgados se esfuercen y los más arriesgados no impongan su estilo. En este sentido, cada grupo tiene una especie de carácter particular que hay que observar y respetar.

Validación personal. Es importante que cualquier expresión de los participantes sea atendida, aun la más insignificante, pero siempre enmarcada dentro de los límites establecidos en el contrato. Por otro lado, hay que validar las experiencias de los miembros por más disímbolas que sean, de tal manera que tengan la experiencia y la sensación de ser valoradas por lo que son. Esta validación que inicialmente hace el facilitador, suele ser modelo para que los miembros la vayan imitando e incorporándose según su manera de ser dentro del grupo y quizás fuera de él.

Darse cuenta

Darse cuenta es uno de los temas centrales de la sensibilización gestalt y se logra promoviendo que la persona esté en contacto con su experiencia aquí y ahora, aunque muchas veces interfiera el pasado no resuelto, que le quita energía para enfrentar mejor su momento presente, su aquí y ahora. Otras veces también están presentes sus fantasías sobre el futuro. Lo que importa es que tome conciencia de toda su experiencia tal como se está dando.

A este darse cuenta Rogers lo llama simbolización o conciencia. Otros autores lo llaman también conciencia, pero la gestalt prefiere llamarlo *darse cuenta*, para que no se confunda con el concepto de conciencia racional.

Darse cuenta va más allá de lo racional.

Seguimiento

Es recomendable que el facilitador cuide que los participantes tengan seguimiento posterior y que les haga saber que lo ocurrido durante la experiencia no es un hecho aislado. Puede sugerir diferentes cosas a los participantes, según las necesidades de crecimiento de cada uno. En general, es importante que el facilitador esté dispuesto a apoyar a sus clientes posteriormente, ya sea en forma personal o remitiéndolos con otro especialista, y abriendo posibilidades de tomar otras acciones para continuar con su proceso de desarrollo personal.

Experimentos y ejercicios

Introducción

Aquí pretendo dar algunas indicaciones de tipo práctico de elementos que me han facilitado el trabajo, tanto al escoger como al inventar ejercicios.

Todo ejercicio es un experimento que nos sirve de pretexto para la autoexploración y el autoconocimiento. Es importante hacer notar que todo ejercicio es un experimento, pero no todo experimento es un ejercicio semiestructurado; es decir, un ejercicio es un experimento semiestructurado que tiene una preparación previa, y un experimento es el uso o el invento de una técnica que puede ser estructurada o no.

Cómo presentar un ejercicio
de sensibilización gestalt

Nombre. Hay que bautizar a los ejercicios de tal manera que nos sea fácil recordarlos por su nombre.

Grado de riesgo. Hay que especificar el grado de riesgo que el ejercicio implica. Arbitrariamente he calificado con cuatro grados de riesgo a los ejercicios de acuerdo con los criterios siguientes:

Riesgo 1: Ejercicios donde no hay contacto directo con el exterior, ya sean personas u objetos, en donde la intimidad está totalmente guardada. Por ejemplo, algunos ejercicios de fantasía guiada.

Riesgo 2: Ejercicios en donde hay contacto verbal con el exterior, normalmente con personas del mismo grupo, pero donde la temática es poco amenazante. Por ejemplo, el de Yo soy / Yo juego a ser , que viene en el libro de Stevens (Stevens, 1975).

Riesgo 3: Ejercicios donde hay una temática más íntima y, por lo mismo, más amenazante; también cuando el contacto físico es ligero entre los participantes o cuando hay la posibilidad de exponerse al ridículo. Pienso, para ejemplificar, en algunos ejercicios de masaje, en el ejercicio de animales incluido también en el libro citado en el párrafo anterior o el de bailar por el cuarto.

Riesgo 4: Son altamente riesgosos los que implican un contacto íntimo consigo mismo y con el exterior, como los de contacto físico, de movimientos libres, de temáticas difíciles. Ejemplos de ellos son el masaje desnudo o semidesnudo, el baile de tipo africano y libre, el contar secretos frente al grupo, etcétera.

Material requerido. Especificar el material que es necesario para la aplicación del ejercicio. Por ejemplo, para trabajar un ejercicio donde hay que hacer un dibujo, explicitar el número de cartulinas por participante, colores, etcétera.

Número de participantes (máximo y mínimo). Especificar el número de participantes que puede manejar el facilitador o el número máximo y/o mínimo requerido para poder poner eficientemente un ejercicio.

Logística requerida. Explicitar el tipo de espacio y lo que debe haber en él. Por ejemplo: Un salón amplio, de tantos metros cuadrados por participante, sin sillas y alfombrado. Un aparato de video, alberca, etcétera.

Tiempo requerido. Tiempo promedio que toma la ejecución y el procesamiento.

Descripción. Explicitación paso a paso, palabra por palabra, instrucción por instrucción, de todo el ejercicio, de tal manera que cualquier otro facilitador lo pueda aplicar.

Variaciones. Determinación de las posibles variaciones que pudiera tener, también de forma muy detallada, como en el punto anterior.

Marco teórico de soporte. Desarrollar un material teórico que ayude en la comprensión de los temas fundamentales que pudieran surgir en el procesamiento. Por ejemplo, si pongo el ejercicio de masaje de espalda, escribir un pequeño resumen de la importancia del contacto físico para el desarrollo de la persona o del tema de la rigidez *vs.* la distensión muscular.

Creación de ejercicios

No puedo decir cómo crear un ejercicio de sensibilización porque para eso no hay recetas preestablecidas; su creación está condicionada, en primer lugar, por un profundo interés en algún aspecto específico, y, en segundo lugar, por un deseo personal de generar algo nuevo, al menos novedoso para nosotros mismos. Hay que jugar con las ideas y los intentos; casi cualquier cosa puede ser un buen pretexto y vehículo para desarrollar nuestra sensibilidad y nuestra conciencia. He inventado ejercicios en los lugares más inverosímiles y en situaciones absolutamente "inadecuadas", como por ejemplo en la regadera, soñando, o cuando estoy viendo una película; lo importante es que lo he tomado en serio, en cuanto puedo anoto las ideas y tengo la paciencia y la perseverancia de desarrollarlas. Creo que es la combinación de jugar y *tontear* con la de trabajar y ponerle ganas lo que permite producir e inventar.

Secuencia de ejercicios

Sugiero que los ejercicios, dentro de un proceso, lleven una curva *in crescendo*, en la cual aproximadamente durante la mitad y después de ella se ejecuten los ejercicios más fuertes y se llegue a los puntos más altos de afectividad, y que haya una última parte donde eso disminuya, es decir, ejercicios que promuevan un poco menos la emocionalidad, más la integración, el contacto con la realidad, que busquen el regreso al mundo de afuera.

Los ejercicios de la primera fase de la curva deben ser de calentamiento, no amenazantes; son aquellos en los cuales no hay interacción intensa con el grupo o bien los de pares, en donde la temática no sea muy fuerte.

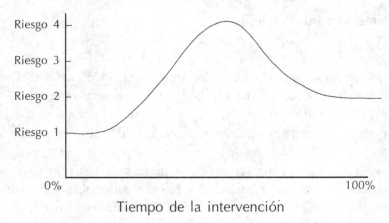

En la segunda parte sugiero ejercicios un poco más fuertes que empiecen a movilizar la energía, a tocar cosas más profundas.

Para la tercera fase se aplicarían los más amenazantes, estos es, aquellos que implican contacto físico, movimiento físico libre, los que tocan temáticas íntimas y problemáticas, como los que se refieren a la relación con los padres o a la sexualidad.

Y para la cuarta y última fase aquellos que lleven a integrar todo lo vivenciado anteriormente, que fomenten el contacto con la realidad externa, con aplicaciones concretas, de lo que han descubierto.

Esta secuencia en los ejercicios, de menos a más y de más a menos, no implica que se va a terminar en el mismo nivel energético en el que se encontraban al comenzar, ni con el mismo tipo de ejercicios de la primera etapa, sería más bien como los de la segunda fase en cuanto a intensidad. Me parece muy peligroso y desatinado cuando los participantes terminan un taller en la exaltación emocional, luego no saben ni qué hacer ni cómo asimilar lo que pasó; la impresión que a mí me da, es que en ese tipo de finales hay cosas que se quedan sin cerrar. La última etapa de un taller debe dejar a los participantes energetizados pero tranquilos emocionalmente y viendo con realismo las cosas.

Variedad de ejercicios

Otra cosa recomendable para un taller de sensibilización gestalt es usar una amplia variedad de ejercicios; dentro de ésta pueden estar los siguientes:

Ejercicios de fantasía guiada: Pueden ser individuales o en grupo. En éstos, la o las personas se ponen en contacto consigo mismas y el facilitador va guiando, en términos amplios, la fantasía. Los participantes la van desarrollando dentro de estos parámetros.

Ejercicios en pareja: Dos personas están en algún tipo de interacción.

Ejercicios grupales: Todo el grupo se involucra en una misma temática y hay interacción global.

Ejercicios de expresión creativa: Se utilizan diferentes técnicas artísticas para que la persona se exprese (actuar, pintar, modelar etcétera).

Ejercicios de movimiento: Se utiliza la expresión corporal.

Todo ejercicio de sensibilización lleva una parte de planeación previa, una de ejecución y una de procesamiento.

En cuanto a la planeación, sugiero que, de ser posible, no se ponga un ejercicio que el facilitador no haya vivenciado previamente, pues de lo contrario esto implica una dificultad extra. Cuando no es posible vivirlo, es recomendable grabar el ejercicio tal como se va a aplicar y luego experimentarlo en sí mismo y observar qué le va pasando. Después, probarlo anticipadamente con familiares o amigos, a fin de tener una mejor idea de su dificultad, del ritmo que requiere, etcétera.

Cuando hablamos de planeación, me estoy refiriendo también a prever los materiales y la música que requerirán; sugiero que se utilicen materiales sencillos, fáciles de usar. Prever, cuando sea posible, las características del lugar en donde se trabajará (por ejemplo, si se utiliza barro y el lugar es alfombrado, hay que tener plásticos para poner encima de la alfombra y evitar que se manche y se ensucie).

En cuanto a la música, se debe de tratar de conseguir aquella que no sea muy conocida o muy comercial, para no generar *per se* asociaciones, porque en un taller de sensibilización gestalt se procura que haya la menor dirección y estimulación propositiva que genere asociaciones predeterminadas. En general, sugiero música lo más neutra posible, a excepción de aquellos ejercicios en donde se requiere una música que movilice algún aspecto específico, como en los ejercicios de expresión corporal.

Ejecución de ejercicios

Durante la ejecución de los ejercicios, hay cinco cosas que me parecen muy importantes:

Instrucciones claras y concretas

Se deben usar el menor número posible de palabras para dar la instrucción, además de darla paso a paso. Deben ser abiertas, por ejemplo se puede decir: "date cuenta de cómo te estás sintiendo, date cuenta qué te produce esto, ¿tensión, relajación o qué te produce?" Esta frase o "qué te produce" permite dejar abiertas las posibilidades para que la persona vaya contactando con cualquier cosa que experimente y vaya permitiéndose darse cuenta de ello.

Por el contrario, una instrucción cerrada o dirigida sería: "¿esto te genera tristeza o alegría?", o "ahora toca tu tristeza". Las instrucciones abiertas fomentan que la persona se contacte con lo que realmente está experimentando; no hay que predefinir lo que va a experimentar, pues esto evita la proyección y el descubrimiento de lo que auténticamente emerge.

Por otra parte, las instrucciones deben darse en primera persona, aun cuando se esté trabajando con un grupo; es decir, hay que darlas como si nos estuviéramos dirigiendo a una sola persona y a cada una en particular.

Ritmo

Es mejor el ritmo lento, que deje espacios para que la persona ejecute las instrucciones a su ritmo; es preferible que estos espacios sean más largos que cortos, porque no sabemos cómo es el ritmo interno de cada quien y aun a aquellos de ritmo rápido no les cae nada mal un espacio silencioso, pues en él les ocurrirán cosas; y quienes son de ritmo lento tendrán el tiempo suficiente para terminar de ejecutar cada instrucción. Por eso los ejercicios de sensibilización suelen ser muy pausados, para permitir el contacto.

Voz y tono

La voz debe ser potente pero no gritona; firme y neutral. Debe hablarse en un volumen que no sea ni grito ni susurro, que se adecue al ruido del cuarto; debe tener una buena modulación. Todo esto es de mucha utilidad para que las personas puedan entrar bien en los ejercicios; resulta mejor no enfatizar propositivamente con la voz. El tono debe llevar un contenido de calidez y de firmeza.

La voz del facilitador es el hilo conductor del ejercicio, por tanto es determinante en la puesta del mismo.

Cuidado y atención al grupo

Muchas cosas pueden suceder durante un ejercicio de sensibilización; el facilitador debe estar atento a lo que está pasando con todo el grupo, por lo cual recomiendo que haya un facilitador por cada ocho participantes aproximadamente.

Seguridad

Es importante que el facilitador se sienta y se muestre seguro; esto no se puede lograr si en realidad no se vive así, pues sólo sería un teatro. Ésta es una cualidad previa que se puede tener y se ayuda a promoverla haciendo aquello donde se sienta uno seguro, cómodo. La seguridad la da la experiencia, el entrenamiento, los conocimientos y la propia estima.

Calidez

Durante la ejecución y el procesamiento del ejercicio, es deseable que el tono emocional sea cálido y quiero precisar: cálido y no seductor. Para mí, lo cálido es intermedio entre lo frío y lo caliente. Es recomendable una calidez que transmita aceptación, comprensión, entendimiento y firmeza, expresada en un adecuado tono de voz.

Procesamiento

El procesamiento es el aspecto más importante del trabajo del sensibilizador. Casi cualquiera puede poner un ejercicio, pero la habilidad del facilitador se prueba al manejar los resultados de esa ejecución, en cómo procesa el material que las personas reportan.

Para lograr un buen procesamiento, el facilitador debe tener capacidad empática, actitudes de aceptación y congruencia y capacidad para comunicarlas, además de las habilidades de reflejo de contenido, de sentimientos y concretización.

El procesamiento normalmente se hace con el grupo total, aunque se puede ayudar previamente a éste aplicando ejercicios en los cuales se comience a procesar en pequeños grupos compartiendo lo que les ha ocurrido. Recomiendo esto cuando el grupo es muy grande; así, durante el procesamiento con todos, sólo se comparte lo significativo y no la descripción detallada de la experiencia, puesto que fue hecha previamente; también es recomendable cuando se está en la etapa de integración, donde es muy importante generar confianza, y es menos amenazante expresarse en pequeños grupos.

Aquí vuelve a ser importante el cuidado y la atención al grupo. El facilitador tiene que procesar uno a uno, individualmente, sin perder la visión de lo que les pasa a los demás.

Algo que recomiendo es ir con cada persona y no dejar inconcluso al que está reportando su experiencia; por ejemplo, si estoy trabajando con alguien y de repente brinca otra gente con un estallido de llanto, me dirijo hacia ella para decirle que en cuanto termine con quien estoy la atenderé, y regreso a donde estaba. Esto da al grupo la certeza de que todos serán atendidos y de que nadie tiene el poder de interrumpir el trabajo del otro.

Es preferible procesar un poco a la mayor parte de los miembros del grupo que quedarse haciéndolo con una o dos personas, ya que el facilitador tiene la responsabilidad de cerrar lo que abre, de hacer pequeñas integraciones de la experiencia de cada uno.

El facilitador también debe observar la comunicación no verbal del grupo y cuando considere que es relevante hacerla obvia, ponerla en el tapete. Esto no quiere decir que tenga que sobreproteger ni responsabilizarse de que las personas compartan lo que les pasa, sino sólo observar bien a la totalidad del grupo para trabajar lo necesario.

Durante el procesamiento, es deseable que el facilitador se muestre seguro, cálido, firme, empático, congruente, que respete la experiencia del otro tal como haya sido, aun cuando ésta sea totalmente ajena a lo que se esperaba, que respete los valores de cada quien y se recuerde a sí mismo que no está ahí para cambiar a nadie. De este modo, no son adecuadas las interpretaciones, las inquisiciones, ni ninguna intervención de tipo evaluativo.

El facilitador debe tener, además, la habilidad para promover el aprendizaje; con esto quiero decir que no basta con estar atento a lo que la persona reporta, sino que de eso se saque un aprendizaje, aunque no se haya obtenido durante la ejecución del ejercicio.

Dimensiones de la efectividad de un facilitador o sensibilizador

El sensibilizador como persona

Algunas de las características necesarias y deseables en todo sensibilizador son las siguientes:

- Liberalidad
- Salud física
- Genuinidad
- Interés en la gente
- Empatía
- Aceptación
- Flexibilidad
- Compromiso
- Calidez
- Inteligencia

Habilidades del sensibilizador

Las habilidades básicas que un sensibilizador debe tener son:

- Escucha
- Expresividad
- Intervención
- Confrontación
- Soporte
- Diseño
- Apoyo
- Frustración
- Acompañamiento

Técnicas del sensibilizador

Algunas de las técnicas que es conveniente que un sensibilizador conozca y maneje son:

- Manejo de grupos
- Comunicación no verbal
- Fantasía
- Sensibilización
- Comunicación verbal
- Expresión corporal
- Musicoterapia

Marcos teóricos del sensibilizador

El facilitador debe tener un cuerpo de conocimientos coherentes, que iluminen su trabajo. Los siguientes son los marcos teóricos que es deseable que un sensibilizador tenga asimilados:

- Teoría del aprendizaje
- Teoría de la personalidad
- Teoría de la motivación
- Teoría de la funcionalidad y la disfuncionalidad
- Filosofía acerca del ser humano
- Teoría del cambio
- Teoría de la comunicación

Capítulo 5

El proceso de sensibilización gestalt

Teoría paradójica del cambio

Algo de suma importancia para la psicología humanista, y en este caso para la gestalt, es que ni en psicoterapia ni en sensibilización estamos buscando que la persona cambie. Si partimos de que tiene que cambiar algo, estamos yendo en contra de nuestros principios filosóficos, porque lo que afirmamos los gestaltistas es que la persona está bien, sólo tiene bloqueos a su conciencia, por lo que hay que ayudarla a que sea más ella misma para que pueda desbloquear aquello que fue una interrupción en su auténtico ser. Entonces, buscar el cambio es, en algún sentido, antigestáltico; de hecho, cuando uno trata de cambiar, lo único que hace es manipular, torturarse a sí mismo y, como consecuencia, se da una división entre la parte que quiere cambiar y la parte que no lo quiere.

Si hay una parte que no quiere cambiar, se debe trabajar sobre ella, porque debe tener muy buenas razones para no hacerlo. Si una persona deja de fluir, es porque algo se le ha atorado pero con muy buenas razones; entonces, hay que solucionar el atore, pero no propiciar el cambio. En este sentido, cualquier cosa que se haga para que la persona cambie, está yendo en contra de nuestro modelo teórico. Paradójicamente, al no buscar el cambio, se da una transformación en la manera en que funciona la persona. Se incrementa la aceptación y con ello la estima, se echa a andar el proceso natural de desarrollo y la persona va siendo cada día más ella misma con la consecuente satisfacción que esto implica.

Si la persona trata de violentarse tratando de cambiar, lo único que consigue es sentirse confundida, devaluada, porque no lo logra, siente que no se pertenece a sí misma y sufre de un dolor que era innecesario. Por tal razón, es muy importante que el sensibilizador o el facilitador no promueva lo mismo que ya ha promovido el ambiente: la autoexigencia. Mientras más se trata de promover un cambio, menos se mueve la situación, incluso puede tornarse cada vez peor.

A este respecto, Fritz Perls afirma: "Uno no puede mejorar su funcionamiento, sólo puede interferir, disfrazarlo y distorsionarlo". No hay mejor cosa para que algo fluya, que ponerse en contacto con aquello que no está fluyendo, pero para esto tenemos que arriesgarnos a quedarnos con el dolor. Esta posición es muy difícil de lograr en una cultura como la nuestra, que más bien busca la comodidad; sin embargo, es la única forma de descubrir también lo maravilloso que hay allí, por todo lo que puede florecer.

Por lo anterior, la gestalt propone ponerse en contacto con las áreas que están obstaculizando el fluir. Ese contacto *per se*, si es suficientemente estable, profundo, permanente y constante, dará algunas claves sobre el sí mismo que, para empezar, eran desconocidas; por otra parte, dará la oportunidad de trabajar sobre cosas que tal vez no se habían podido trabajar antes. Es importante subrayar que esto no es mágico, implica un trabajo personal serio, en donde la persona se involucre con una auténtica apertura y un compromiso de perseverancia.

Obviamente, para que alguien logre este tipo de proceso tendría que estar frente a una persona que la acepte realmente. Alguien que le facilite la autocomprensión, comprendiéndolo. Con esto, la persona aprende a tenerse más afecto y a ser más paciente con ella misma, más tolerante con el propio dolor, pero esto sólo se da si hay una relación de buena calidad humana entre el cliente y el facilitador.

Algunos parámetros de crecimiento en el proceso de sensibilización

Los parámetros que voy a mencionar son algunas de las cosas que he visto modificarse en las personas a través de este tipo de procesos, pero que no necesariamente se dan todos y en igual intensidad; lo que realmente ocurre es algo muy personal e impredecible. Simplemente enumero los aspectos más característicos:

a. Incremento en el darse cuenta.

b. Mejor percepción de sí y del mundo externo.

c. Mayor responsabilización de las sensaciones, sentimientos pensamientos y acciones.

d. Incremento del autoapoyo.

e. Menor culpabilización hacia el exterior.

f. Habla cada vez más en primera persona.

g. Comunica más integralmente sus pensamientos, sentimientos y sensaciones.

h. Está más en el aquí y en el ahora.

i. Se vuelve más creativa.

j. Aprende a reírse más de sí misma.

k. Su ritmo de contacto-retiro es más fluido.

l. Incrementa su sensación de vitalidad.

m. Incrementa la tranquilidad emocional.

n. Mejora sus relaciones interpersonales

o. Incrementa su autoaceptación.

Uno de los aspectos más importantes aportados por Erich Fromm es el cuestionamiento a la sociedad contemporánea, en cuanto al proceso de enajenación y alienación que están sufriendo los individuos. El precio para quienes no acepten estar dentro de la norma será el de ser un *outsider*, una persona diferente que podría ser incluso relegada.

La corriente humanista dentro de la psicología, y en particular la sensibilización y la psicoterapia gestalt, al promover el darse cuenta y la toma de responsabilidad, está generando un movimiento social novedoso, un nuevo estilo de vida y de cultura.

La sensibilización gestalt busca volvernos más realistas y romper la imagen de un mundo color de rosa; nos facilita ver las diferencias tanto individuales como sociales y creo que algo a lo que se renuncia es a la comodidad de que las cosas no se muevan, a la pasividad y al autoengaño. Para encarar la vida con más realismo, hay que tomar contacto con la propia fuerza personal.

Muchas personas se adaptan a la cultura porque no han contactado y desarrollado su fuerza interna, porque ni su familia, ni su escuela, ni su medio social han apoyado este desarrollo. Curiosamente descubren su poder y su fuerza después, justamente a través de estos procesos de sensibilización, de psicoterapia, de crecimiento, y también gracias a la confrontación que el proceso de vivir promueve. Este tipo de vivencias hacen que la persona entre en un proceso de búsqueda y de encuentro con otros que están en un momento existencial parecido, que desean también un espacio para entrar en sí mismas, ser lo que auténticamente son sin tanta amenaza externa y sin reprobación.

Tanto la familia, como la escuela, como el medio social, son áreas frecuentemente cerradas; en general, los niños tienen un ámbito de relación bastante restringido. Cuando crecemos, salimos a medios diferentes, más amplios y empezamos a darnos cuenta de que las cosas pueden ser distintas. Por esta razón, la adolescencia es tan importante, porque es el momento de la salida hacia otros ambientes. Desgraciadamente, la sociedad pone las cosas de tal forma, que se le urge al adolescente a que se vuelva adulto, o sea, a que tome postura; entonces, en los años más importantes para descubrirse a sí mismo, el individuo tiene que casarse, tener hijos, terminar una carrera o un oficio, tener un mundo estable. Así, la energía a su disposición justamente para cuestionarse y ver qué quiere, la ocupa en hacer cosas que la sociedad le exige.

Es por ello que hay tanto fracaso profesional, matrimonial y, en general, de cualquier tipo, ya que estas decisiones fueron tomadas sin mucha conciencia. Las personas se pasan buena parte de la vida cumpliendo con expectativas externas; es hasta después de los treinta años (si tiene suerte) que comienzan a darse cuenta de sus vacíos e insatisfacciones y empieza el cuestionamiento. Ventajosamente, en la actualidad algo está cambiando, como es el hecho de que las personas se casan un poco más grandes; sin embargo, no sucede lo mismo con respecto a la profesión y menos ahora, con la problemática económica mundial, que exige una participación más productiva.

Me parece importante que aprendamos a ser productivos, autosuficientes económicamente, pero no creo que esto tenga que significar forzosamente que la época para estudiar sea hasta los veintitantos años y que tenga que haber una secuencia predeterminada para cubrir los asuntos vitales.

Consecuencias personales y sociales de la sensibilización gestalt

El aumento de conciencia

La sensibilización gestalt, y en general cualquier psicoterapia efectiva, logra que la persona incremente su *darse cuenta*, su conciencia total o totalizadora; cuando esto ocurre, empieza a no aceptar imposiciones externas y a darse cuenta de todo su potencial, de todo aquello que había dejado de ser y de hacer. Esto genera una movilización interna fuerte y el cuestionamiento de sus valores anteriores; el aumento de conciencia genera cambios fuertes en sus conductas y en sus actitudes, que no siempre son bien recibidos en su medio social, porque las estructuras sociales —ya sea la familia, la pareja, el centro de trabajo o la sociedad misma— propugnan porque las cosas no se muevan, porque la gente sea más predecible.

Al incrementar la persona su conciencia de una manera significativa, muchas de las estructuras de su alrededor se mueven en un sentido de control para que este cambio no se realice, lo cual genera una presión social; si este incremento de conciencia no va aunado a una buena cantidad de fuerza individual, es muy fácil que la persona se desanime y renuncie a la búsqueda; por eso es tan recomendable que estos cambios se emprendan grupalmente, para que la persona que deja de tener su apoyo cotidiano ambiental, lo tenga en otro grupo.

Nadie puede vivir sin apoyo ambiental. No digo que lo necesite para todo, pero un apoyo adecuado le ayuda a que continúe creciendo y enriqueciéndose.

Cuando una persona empieza a ser más ella misma, obviamente a algunos no les va a parecer bien; he tenido casos de personas en proceso de crecimiento, cuyas familias y parejas me han reclamado por los cambios.

Muchas veces los terapeutas tenemos ante los afectados una mala imagen; suelen culparnos por los cambios, lo cual me parece sumamente iluminador porque la persona facilitada podrá apreciar claramente cómo alguien que no es capaz de querer esos cambios culpa a los terapeutas.

Este incremento de conciencia tiene consecuencias importantes; las personas suelen sentirse más ellas mismas, desean enfrentar su soledad y su propia diferencia. Quien se atreve a ser diferente en esta cultura –y ser diferente es no ser lo que se espera de ellos–, tiene que pagar el precio de un cierto nivel de rechazo y soledad, aunque habría que cuestionarse que tan bien acompañados estaban antes.

Por esta razón, es muy importante que, al mismo tiempo que se incrementa la conciencia, el cliente y el facilitador generen una red de contención para que el cliente pueda relacionarse y sostenerse en los momentos difíciles.

El incremento de conciencia genera un cierto tipo de "estigmatismo social" y la persona que lo está vivenciando, lo vive por un lado con un cierto dolor, pero por otro, como algo liberador por lo que vale la pena pagar ese precio.

Incremento en el "locus de control interno"

Algo típico en el proceso de autoactualización, es que se empieza a cuestionar todas aquellas normas introyectadas, todos los *deberías*. Entonces hay un desprendimiento de la norma, las personas empiezan a no hacer lo que *deben de hacer* y es cuando se dan cambios de trabajo, de estilo de vida, se cuestionan instituciones como el matrimonio, el valor de cierto tipo de relaciones, el valor de una amante, etcétera. El proceso de darse cuenta lleva a que la persona encuentre paulatinamente sus propias normas para los distintos momentos de su existencia.

Suele suceder que las personas se dan cuenta de que estas normas no son para siempre, que van cambiando, e inclusive nuestros propios valores se transforman de acuerdo con nuestra propia experiencia; es ésta la que nos va enseñando si un valor vale la pena. Las personas que tienen un proceso profundo de *darse cuenta*, tienen claro sus valores, no aceptan normas externas ni *deberías* y asumen una postura bastante firme de rechazo hacia eso.

Creo que la madurez es, en parte, el rechazo firme a las normas externas; la persona madura se da cuenta de que todo es relativo, que cada quien tiene su verdad y tiene que probar a través de su propia experiencia sus valores; sólo entonces puede darse cuenta de que aunque los otros acepten valores diferentes a los suyos, tampoco están equivocados. Parte del proceso de maduración es aceptar las diferencias y aceptar que los otros pueden creer en cosas muy distintas y hasta opuestas a las que creemos nosotros.

De esta forma, el desprendimiento de la norma también acarrea consecuencias interpersonales: se incrementa nuestra comprensión hacia los otros y su singularidad.

En este proceso se puede producir un alejamiento con grupos a los cuales ya no podemos ni queremos pertenecer, y un incremento en la satisfacción, porque los grupos a los cuales sí se pertenece son escogidos con libertad.

Mejoramiento de la asimilación y la discriminación

Podemos decir que una persona que ha sido pisoteada por el ambiente, o como lo dice Perls: que ha sido groseramente agredida, tiene gran cantidad de valores externos introyectados, los cuales hacen que sus propias características, que no corresponden con esos *deberías*, se empiecen a alienar, es decir, que no las acepta como suyas. En el proceso de incremento de conciencia, esta situación se revierte: se recuperan partes alienadas y se rechazan las introyectadas, y la persona es cada vez más ella misma; esto hace que para algunos se vuelva un desconocido, pues se atreve a estar más completa. Por ejemplo: los hombres, normalmente alienan su ternura y su miedo, y cuando en este proceso recuperan esas partes, la sociedad los considera no *tan* hombres. Del mismo modo cuando las mujeres comienzan a decir *no quiero*, son vistas como verdaderas extraterrestres.

Incremento del contacto consigo mismo y con el ambiente

Aunado a lo que anteriormente he expuesto, sucede también que hay menor negación y represión. Para explicar esto, recordemos que cuando un estímulo despierta una necesidad, se produce una sensación corporal que, al darle nombre, se concreta en un sentimiento que se puede expresar y comunicar mediante una enorme diversidad de posibles acciones. Pero podemos manipularnos a nosotros mismos de tal forma que ni siquiera registremos conscientemente las sensaciones y los sentimientos; entonces se da la negación. Estos procesos de negación ocurren cuando hay alguna experiencia que nos revela una parte alienada que no reconocemos como nuestra. Mientras más amenazante es la experiencia, la negación es mayor.

La represión se da entre el sentimiento y la acción: se registran sensaciones y sentimientos, pero lo que se detiene o reprime es la acción.

Al haber durante el proceso de crecimiento un cuestionamiento a los introyectos, cada vez hay menos alienación y más aceptación a nuestras propias experiencias; quiero decir que negamos menos nuestra experiencia y nos reprimimos menos en cuanto a la acción que genera esa experiencia.

Al haber menor negación y represión, a veces las personas reaccionan de manera un poco torpe, al menos en un inicio, ya que se tienen que reeducar para enfrentarse con la realidad; por ejemplo, una persona que ha negado y/o reprimido sus sentimientos agresivos, al no continuar haciéndolo, empieza a tener todas las sensaciones que acompañan a la agresión y a sentirse enojada y, al ser ésta una experiencia nueva, al inicio puede expresar torpemente su enojo, puede meterse en pleitos inútiles, más le es necesario vivir la experiencia para ir aprendiendo qué acciones le resultan adecuadas y cuáles no. Por esta razón, es muy conveniente que cuando algo negado comienza a salir, de alguna manera se ensaye; para esto son recomendables los grupos de sensibilización o de terapia, los cuales funcionan como un laboratorio en donde el facilitador ayuda a la persona para que se dé cuenta de cómo esas conductas afectan a los otros y a él mismo.

Siguiendo con el ejemplo de la agresión, recordemos que en el fondo de todo sentimiento o sensación hay una necesidad que está buscando ser cubierta y, al actuar de manera destructiva, se obtiene poca satisfacción; así, al ensayar nuevas formas de actuación de su agresión, la persona se dará cuenta también de cuáles son las más adecuadas para satisfacer esa necesidad.

Incremento de la energía

Cuando una persona ha estado en este proceso de sensibilización durante el suficiente tiempo, comienza a disminuir su angustia y a tener más energía. Recordemos que la angustia neurótica se produce por una autoexigencia enorme, es decir, cuando nos pedimos a nosotros mismos cosas que no son nuestras, que no queremos y que no somos capaces de hacer.

La angustia es la señal del organismo de que algo no está bien. Cuando una persona se siente angustiada, podría ser útil preguntarse: ¿qué me estoy pidiendo que no puedo, qué no me toca, qué no quiero?, ¿qué estoy fantaseando que me desprende del aquí y del ahora?, ¿qué me separa de mis necesidades reales? Normalmente la angustia surge cuando hay una situación inconclusa en nosotros.

Cuando trabajamos en *darnos cuenta*, la angustia se presenta cada vez menos y toda la energía que estábamos gastando en angustiarnos o en detenernos está a nuestra disposición, nos volvemos más energéticos, más animados, con más ganas de vivir y de hacer cosas.

Soledad e incremento de la selectividad

Algo que va de la mano con todo lo que hemos hablado anteriormente es que la persona, al ya no poderse adaptar pasivamente a los deseos de otros, empieza a tener mayor soledad y a buscar relaciones que, aunque sean menores en cantidad, resulten más significativas; entonces, hay más selectividad. Ya no cualquiera se convierte en íntimo o cercano.

Una de las cosas que hablan mucho del crecimiento personal es la capacidad de gozar la propia soledad. Creo que entre más se acepta y se vive en paz la soledad, hay mayor posibilidad de seleccionar mejor las compañías (es importante no ir al supermercado con hambre). Cuando aprendemos a estar con nosotros mismos, cuando somos una buena compañía para nosotros, cuando tenemos cosas que nos interesan de manera individual y personal, cuando la soledad es vivida

como un espacio placentero y necesario para el propio crecimiento, ya no existe urgencia de que alguien cubra o tape el
hueco y así podemos seleccionar con mayor facilidad a quienes queremos cerca.

Es importante puntualizar que esto no implica que recha-
cemos al mundo externo, solamente nos volvemos más realistas respecto a en qué queremos relacionarnos con cada persona. Podemos relacionarnos con distintos tipos de personas a
un nivel superficial, pero eso no quiere decir que cualquier
persona pueda ser nuestro amigo íntimo y menos, nuestra
pareja; no hay rechazo, pero seleccionamos mejor a quienes
queremos más cerca.

Cuestionamiento de la autoridad externa

El cuestionamiento de la autoridad se da inevitablemente, ya
que la persona que adquiere más conciencia, que es más él
mismo, no acepta autoritarismos o, si los acepta, es desde
su propia libertad, asumiéndolo. A las figuras de autoridad de
tipo impositivo se les da cada vez menos poder sobre uno. Y
no es que no se acepte la autoridad moral de algunas personas;
justamente parte del proceso de desarrollo es elegir quién es
una autoridad moral para nosotros. Aun cuando a alguien le
damos esa autoridad moral, no aceptamos absolutamente todo
lo que esa persona dice, porque también aprendemos que
todos tenemos, por lo menos, un pie del cual cojeamos. Así,
deja de haber ídolos, deja de haber gurús, las personas del
exterior tienen cada vez menos autoridad sobre nosotros.

Al no aceptar imposiciones externas, ya no funciona la
sumisión; es una actitud que la persona con un buen nivel de
desarrollo personal ya no acepta.

En el fondo, el cuestionamiento a la autoridad habla de una adecuada crítica y autocrítica; alguien con más desarrollo de conciencia ya no se "traga" las cosas sin "masticar" y, consecuentemente, tampoco desea imponer su autoridad sobre los otros.

Promoción de agentes de cambio

Toda persona que se atreve a ser diferente, a ser más ella misma, se convierte en un agente de cambio. En el fondo de todo esto, se está generando una nueva cultura que promueve una actitud ante la vida, nuevos estilos de vivir.

La metodología que se utiliza en la psicología humanista busca el desarrollo individual sabiendo que con ello se promueve un cambio social más estable y respetuoso, más acorde al ritmo de las personas mismas. No somos sociólogos, pero no podemos negar que al haber cambios individuales, generan cambios sociales de mayor o menor cuantía. Aunque nuestra meta es que la persona se dé cuenta y se responsabilice de sí misma, eso tiene consecuencias sociales; así, indirectamente, se promueve el cambio social; aun cuando no se busque *per se*, se da por añadidura.

Estamos generando agentes de cambio y, por lo mismo, las personas que se dedican a esto tienen que ser congruentes: ser ellos mismos promotores de cambio en otros. Un terapeuta, un facilitador humanista, se dé o no se dé cuenta, está ayudando a la transformación de la sociedad.

Podría seguir enumerando consecuencias sociales y personales que ocurren en el proceso de actualización de las personas, pero las que he descrito son las más importantes en este momento de mi vida. Tal vez si escribiera esto dentro de algunos años, quitaría algunas y agregaría otras, porque de alguna manera todo lo que he dicho representa mi propia experiencia y mi momento presente; lo que falte, es que me falta. En lo que pongo atención, es en lo que tengo puesta mi atención actualmente. En el fondo, estoy hablando de mí y de mi experiencia.

Los peligros de la sensibilización gestalt

Usarla como una sutil psicoterapia

Con anterioridad mencionamos que cualquier psicoterapeuta puede hacer sensibilización, pero no cualquier sensibilizador puede hacer psicoterapia. La sensibilización no implica habilidades o preparación muy profunda en cuanto a conocimientos psicopatológicos o de tecnología especial para trabajar con las pautas crónicas de detención, sin embargo, pareciera que algunas personas se engolosinan al trabajar con los ejercicios de sensibilización y, durante este procesamiento tratan de ir demasiado lejos, de resolver problemas viejos y crónicos de la persona, jugando un papel de psicoterapeuta sin serlo, sin tener la preparación necesaria.

Me parece peligroso que utilicen estas circunstancias para hacer prácticas de psicoterapia sin estar preparados ni tener la supervisión necesaria.

Reforzar o fomentar pautas de detención del crecimiento

Las pautas crónicas de detención se han conceptualizado en la gestalt y han sido definidas en cinco formas: proyección, introyección, deflexión, retroflexión y confluencia. Diferentes autores hablan de estos mecanismos aumentando o disminuyendo alguno, pero me parece que estos cinco son los explican suficientemente este fenómeno. Otra manera de llamarlos sería formas de interrupción en el contacto intrapersonal o interpersonal.

Un sensibilizador que maneje inadecuadamente el procesamiento de un ejercicio lo que puede estar haciendo es reforzar estas pautas; por ejemplo, en cuanto a la proyección: si el facilitador permite que algún miembro del grupo proyecte lo suyo en otro, culpándolo y no responsabilizándolo de que eso es suyo, está reforzando este mecanismo.

El facilitador debe estar muy atento a que la persona no introyecte nuevas cosas; es mejor que las asimile o las rechace. Con frecuencia se introyectan los ideales del humanismo, como si hubiera ciertos supuestos en los grupos de sensibilización y de crecimiento de cómo deben de ser las cosas, cómo debe vivirse un ejercicio y si a alguien no se le ocurre vivirlo así o el facilitador tiene la creencia de que tiene que vivirse de alguna manera específica, mandará el mensaje de que debería de haberlo hecho de otra forma, fomentando así la introyección. Claro, si el otro lo permite, pero si se trata de alguien con esta tendencia, introyectará un nuevo *debería*.

La deflexión ocurre, por ejemplo, si el facilitador permite que una persona verborreica hable constantemente sin ponerle un límite y sin promover que haga contacto con ella misma.

Igualmente promueve la retroflexión cuando alguna persona se golpea a sí misma o se culpa por todo y el facilitador no le hace darse cuenta de lo que está haciendo.

También hay que tener mucho cuidado con la confluencia, porque es una pérdida de identidad personal en favor de alguien más o del grupo. Las personas muy confluentes suelen ser muy serviciales, apaciguadoras y complacientes; hay que tener cuidado de no fomentarlo.

CAPÍTULO 6

Conclusiones
(reflexiones finales)

En realidad, tengo poco que agregar a todo lo que he venido diciendo en este escrito, sólo quiero concluir con algunas reflexiones adicionales.

Un sensibilizador con orientación gestáltica cree y vivencia la filosofía humanista, tiene en su trabajo profesional actitudes hacia el otro de empatía y respeto, se comunica y relaciona genuinamente desde lo que auténticamente es y continúa trabajando en su propio desarrollo personal para ser cada vez más sincero, maduro y transparente.

Desde mi actitud humanista, algunas cosas me son importantes: no tengo ningún deseo de ponerme como meta llegar a la autorrealización; si llego algún día a ella, espero que sea mediante un proceso natural, porque no quiero vivir con más *deberías* y *exigencias*, ahora sé que éstas son inútiles. Hasta donde mis limitaciones actuales me lo permiten, voy tomando cada vez más en cuenta mis *quieros*, le hago más caso a las señales que registra mi cuerpo y tomo las elecciones que me indican mi gusto y mi espontaneidad. Cuando tengo duda, tomo el riesgo y experimento; mi mejor criterio de selección y de evaluación es mi propia experiencia.

No creo en la perfección ni en la competencia; la primera no me parece posible ni deseable, y creo que la segunda es un invento de la sociedad para exprimirnos unos contra otros. Es más útil y enriquecedor seguir mi propio fluir y lograr lo que voy logrando; esto me permite un disfrute enorme, una vivencia intensa aun en lo doloroso y recibir los regalos sorpresivos que me hago a mí misma al continuar descubriéndome.

Aprecio el esfuerzo que pongo en marcha en mí como producto de un profundo interés en algo, y me encanta responsabilizarme de lo que *me interesa, me significa* y *me importa*. Las otras responsabilidades que me tratan de colgar los demás o mis propios introyectos, me causan una sintomatología tan típica (culpa, vergüenza, depresión y apatía) que en cuanto me doy cuenta de ella, hago todo lo posible para quitármela de encima y de adentro.

Creo que si alguien quiere hacer sensibilización gestalt, tendrá que poner énfasis en revisar sus creencias acerca del ser humano y, por consecuencia, sus actitudes. Las habilidades, conocimientos y técnicas son de segunda importancia; estas últimas, sin una columna vertebral que las sostenga, sin una claridad de lo que se cree y se valora, son de muy poca utilidad, normalmente sólo producen confusión tanto en el facilitado como en el facilitador.

Me impresiona ver la búsqueda indiscriminada de técnicas efectivas que observo en tantos quienes se dedican a las profesiones de ayuda; les falta una brújula, un buen contacto consigo mismos, tienen muy poca claridad con respecto a lo que quieren para ellos y para otros. Muchas de las técnicas y metodologías que conozco y hay en este mercado, generan más bien deshumanización, sumisión y dependencia.

Considero la sensibilización gestalt como una opción más para el desarrollo de las potencialidades humanas; no me parece la panacea, aunque sí la considero una herramienta sencilla y útil.

Sé que fácilmente la técnica que se genera puede usarse de diversos modos: para construir o para destruir, para seguir el sentido con que originalmente se creó o para cambiarlo y generar cosas no previstas ni deseadas. Esto es algo que los gestaltistas sabemos porque las técnicas de la psicoterapia gestalt han sido usadas también para agredir, faltar al respeto, deshumanizar y devaluar al otro. Esto es inevitable, quizás por eso, sería mejor evaluar la bondad de una herramienta por su sentido original y no por su uso concreto.

Deseo que la sensibilización gestalt sea usada para buscar el desarrollo del ser humano y no como una herramienta más de poder y manipulación. Es por este deseo que dedico gran parte de mi tiempo a trabajar en preparar profesionales que usen de manera adecuada las técnicas que se les enseñan. Para mí es más importante formar facilitadores que generar tecnología.

Al aplicar la sensibilización gestalt, busco devolverle a la persona el uso de su capacidad de contactar consigo misma y con su ambiente para que pueda detectar con más claridad lo que necesita y así busque más eficientemente los satisfactores para cubrir su necesidad. Busco incrementar su capacidad de reconocer sus propios recursos y los de su ambiente para vivir una existencia más humana.

Ya es tiempo de que dejemos de pensar en lo humano en términos de algo imperfecto; lo humano *es y está siendo*. Hay que dejar de sobrevaluar lo racional en detrimento de lo emocional; ha traído consecuencias terribles en todos los ámbitos: ecológico, económico, político, interpersonal y intrapersonal. Pareciera que queremos ser otros, distintos de lo que somos, para lograr metas que poco tienen que ver con nuestra realización como humanos.

Es hora de recuperar nuestra dignidad como personas y promover que cada quien encuentre lo que *va siendo*, su propia forma, su propio lugar, su propia organización aquí y ahora. La sensibilización gestalt pretende poner un grano de arena en esa tarea.

Espero que este trabajo ayude a generar mejores sensibilizadores, más humanos y más contentos de serlo. Lo que más me interesa en este momento de mi vida profesional es promover auténticos agentes de cambio, generadores de nuevas formas de vivir, promotores de un mayor desarrollo en la conciencia y la libertad interna.

Sé que la evolución es extraordinariamente lenta cuando la vemos con los ojos de la duración de una vida humana, pero sé que es cierta y, por lo mismo, hay que buscar un sentido de crecimiento y realización mayor para todos. Me siento contenta con mis propias aportaciones para lograrlo.

Bibliografía

Adesso, V.J., *et al.* "Effects of a Personal Growth Group on Positive and Negative Self References", en *Psychotherapy: Theory, Research and Practice*, núm. 11, 1974, pp. 11:354-355.

Andersen, Marianne y Louis Savary, *Passages: a Guide for Pilgrims of the Mind*, Nueva York, Harper & Row, 1972.

Andrews, J., "Personal Change and Intervention Style", en *Journal of Humanistic Psychology*, vol. 17, núm. 3, 1977, pp. 41-63.

Balogh, P., "Gestalt Awareness: a Way of Being as a Yoga", en *West International Journal of Social Psychology*, núm. 22, 1976, pp. 64-66.

Barrilleaux, S.P., "The Effects of Gestalt Awareness Training on the Experiencing Level", disertación en la Universidad de Maryland, 1975.

Baumgardner, P., *Gifts from Lake Cowichan*, Palo Alto, CA, Science and Behavior Books, 1975.

Beisser, A.R., "The Paradoxical Theory of Change", en J. Fagan e I. Shepherd (eds.), *Gestalt Therapy Now*, Palo Alto, CA, Science and Behavior Books, 1980.

Bernstein, P.L., "The Union of the Gestalt Concept of Experiment and Jungian Active Imagination", en *The Gestalt Journal*, vol. 3, núm. 2, 1980, pp. 36-46.

Bindermann, M.R., "The Issue of Responsibility in Gestalt Therapy", en *Psychotherapy: Theory, Research and Practice*, vol. 11, núm. 3, 1973, pp. 287-288.

Bloomberg, L. y R. Miller, "Breaking Through the Process Impasse", en *Voices*, vol. 4, núm. 3, 1968, pp. 33-36.

Bottoms, P., "A Gestalt Way of Using Language", en J. Downing (ed.), *Gestalt Awareness: Papers from the San Francisco Gestalt Institute*, Nueva York, Harper & Row, 1976.

Boylin, E.R., "*Gestalt* 'Games' for Alcoholics", en *Psychotherapy: Theory, Research and Practice*, núm. 12, 1975, pp. 198-199.

Brooks, C., *Sensory Awareness: The Rediscovery of Experiencing*, Nueva York, Viking Press, 1974.

Brown, G.I., "Awareness Training and Creativity Based on Gestalt Therapy", en *Journal of Contemporary Psichotherapy*, vol. 2, núm. 1, 1969, pp. 25-32.

Burley, T., "Reflections on Insight and Awareness", en R.W. Resnick y G.M. Yontef (eds.), *The James Solomon Simkin, Ph.D Memorial Festschrift*, Los Angeles, Gestalt Therapy Institute, 1984.

Cannon, W.B., *The Wisdom of the Body*, Nueva York, W.W. Norton, 1989.

Canner, J.C. y D.L. Rouzer, "Healthy Functioning from Gestalt Perspectives", en *The Counseling Psycholgist*, vol. 4, núm. 4,1974, pp. 66-73.

Carson, R.D., *Taming your Gremlin: A Guide to Enjoying Yourself*, Dallas, The Family Resource, 1984.

Clark, A., "On Being Centered", en *The Gestalt Journal*, vol. 2, núm. 2, 1979, pp. 35-49.

Close, H.T., "Expressing One's Feelings", en *Voices*, vol. 8, núm. 2, 1972.

Corey, Gerald, *I Never Knew I had a Choice*, Monterey, CA, Brooks/Cole, 1978.

Coven, A.B., "Using Gestalt Psychodrama Experiments in Rehabilitation Counseling", en *The Personnel & Guidance Journal*, núm. 56, 1977, pp. 143-148.

_____, "The Gestalt Approach to Rehabilitation of the Whole Person", en *Journal of Applied Rehabilitation Counseling*, núm. 9, 1979, pp. 143-147.

_____, A. Woldt, G. Burnett y W. McDowell, "A Gestalt Model for Improving Convention and Conventional Relationships: A Gestalt Group Approach to Convention Workshops", en *Journal of Association for Specialists in Group Work*, septiembre de 1977.

Crocker, S.F., "Gestalt and Deep Relaxation", en *The Gestalt Journal,* vol. 7, núm. 2, 1984, pp. 5-30.

Curry, A.E., "Awareness, Time and Expression: an Approach to Brief Therapy in Groups", ponencia en 7th Annual Symposium on Marriage and Family Counseling, San Francisco, octubre de 1970.

Denes-Radomisli, M., "Gestalt Group Therapy: Sense in Sensitivity", en G.S. Milman y G.D. Goldman (eds.), *Group Process Today: an Evaluation and Perspective,* Springfield, IL, C.C. Thomas, 1974.

Downing, J. (ed.), *Gestalt Awareness: Papers from the San Francisco Gestalt Institute,* Nueva York, Harper & Row, 1976.

Egan, Gerard, *El laboratorio de relaciones interpersonales. Teoría y práctica del "sensitivity training",* Buenos Aires, Paidós, 1976.

Elkin, E.H., "Gestalt Awareness: a Western Way of Being as a New Yoga", ponencia en World Conference on Scientific Yoga New Delhi, India, diciembre de 1970.

————, *Transformations: a Transpersonal Gestalt Primer,* Los Ángeles, edición de autor, 1980.

Enright, J.B., "Awareness Training in the Mental Health Professions", Fagan, J. e I. Shepherd (eds.), *Gestalt Therapy Now,* Palo Alto, CA, Science and Behavior Books, 1980.

————, "Gestalt Awareness Strategies in the Training of People Helpers", en J. Downing (ed.), *Gestalt Awareness: Papers from the San Francisco Gestalt Institute,* Nueva York, Harper & Row, 1976.

————, "Thou Art That: Projection and Play in Gestalt Therapy", en *Psychotherapy: Theory, Research & Practice,* núm. 9, 1972, pp. 153-156.

Fagan, J. e I. Shepherd (eds.), *Gestalt Therapy Now,* Palo Alto, CA, Science and Behavior Books, 1980 (paperback publicado por Harper & Row); *Teoría y técnica de la psicoterapia gestáltica,* Buenos Aires, Amorrortu, 1973.

Fantz, R., *Body Language: The Mask of the Message,* The Gestalt Institute of Cleveland.

Fantz, R.E., "The Use of Metaphor and Fantasy as an Additional Exploration of Awareness", en *The Gestalt Journal,* vol. 6, núm. 2, 1983, pp. 28-33.

Feder, B., "Time to Work... Time to Play", en *Voices,* vol. 15, núm. 2, 1979.

_____ , "Beyond the Hot Seat Gestalt Approaches to Groups", en B. Feder y R. Ronall (eds.), *Beyond the Hot Seat: Gestalt Approaches to Group,* Nueva York, Brunner/Mazel, 1980.

_____ , y R. Ronall (eds.), *Beyond the Hot Seat: Gestalt Approaches to Group,* Nueva York, Brunner/Mazel, 1980.

Feder, Elaine y Bemard, *The Expressive Arts Therapies,* Englewood Cliffs, NJ, Prentice-Hall, 1981.

Feiss, G.J., *Mind Therapies-Body Therapies,* Millbrae, CA, Celestial Arts, 1979.

Foulds, M.L., "The Experimental Gestalt Growth-Group Experience", en *Journal of College Student Personnel,* núm. 12, 1972, pp. 48-52.

_____ , "Ways of Growth: Approaches to Expanding Human Awareness", en *American Psychological Association,* 1974.

Geta, B., *Breathe Away Your Tension: an Introduction to Gestalt Body Awareness Therapy,* Berkeley, CA, Bookworks/Random House, 1973.

Giges, B. y E. Rosenfeld, "Personal Growth, Encounter, and Self-Awareness Groups", en M. Rosenbaum y A. Snadowsky (eds.), *The Intensive Group Experience,* Nueva York, Free Press, 1976.

Goble, F., *The Third Force: The Psychology of Abraham Maslow,* Nueva York, Grossman, 1971; Nueva York, Pocket Books, 1971; *La tercera fuerza. La psicología propuesta por Abraham Maslow,* México, Trillas, 1977.

Goldstein, K., *The Organism,* 1939, Boston, American Books, 1963.

Goodman, P., Nature Heals: *Psychological Essays,* Nueva York, Free Life Editions, 1977.

Gunther, B., *Sense Relaxation,* Nueva York, Collier Books, 1968.

Harman, R.L., "Gestalt Interactional Groups", en *Personnel and Guidance Journal,* núm. 54, 1975, pp. 49-51.

Hills, C. y R.B. Stone, *Conduct Your Own Awareness Sessions,* Nueva York, N.A.L./Signet, 1970.

Howard, J., *Please Touch: A Guided Tour of The Human Potential Movement,* Nueva York, McGraw Hill, 1970; Nueva York, Dell, 1971.

Kempler, W., "The Experiential Therapeutic Encounter", en *Psychotherapy: Theory, Research & Practice,* núm. 4, 1967, pp. 166-172.

Kepner, E., *Gestalt Training Methods,* Gestalt Institute of Cleveland; American Psychological Association, 1974.

Kohn, G., "Gestalt Therapy at Home and at School: Preventive Techniques of the Future", ponencia en California State Psychological Association, Oakland, 26-28 de enero de 1973.

————, *et al.,* "Gestalt Therapy Workshop: Developing Awareness, Responsibility and Integration with Students and their Parents in a School Setting", ponencia en California State Psychological Association, Los Ángeles, 27-30 de enero de 1972.

Laking, M., *Interpersonal Encounter: Theory and Practice in Sensitivity Training,* Nueva York, McGraw Hill, 1972.

Latner, J., *The Gestalt Therapy Book,* Nueva York, Julian Press, 1973; Bantam, 1974; 2a. ed. revisada por el autor: Highland, NY, The Gestalt Journal, 1986.

Levitsky, A. y F. Perls, "The Rules and Games of Gestalt Therapy", en J. Fagan e I. Shepherd (eds.), *Gestalt Therapy Now,* Palo Alto, CA, Science and Behavior Books, 1980.

Levy, R., *I Can Only Touch you Now,* Englewood Cliffs, NJ, Prentice Hall, 1973.

Lewis, H.R. y H.S. Streitfeld, *Growth Games,* Nueva York, Harcoup Brace Jovanovich, 1971; Bantam, 1972.

Lifschitz, M., "Expanding on the 'Here and Now' and the 'Void': The Mystery of Life", en *Voices,* vol. 18, núm. 2, verano de 1982, pp. 76-78.

Malamud, D.I., "The Laughing Game: an Exercise for Sharpening Awareness of Self-Responsibility", en *Psychotherapy: Theory, Research and Practice,* vol. 17, núm. 11, 1980, pp. 69-73.

Marcus, E.H. (ed.), *Gestalt Therapy and Beyond: an Integrated Mind-Body Approach,* Capitola, CA, Meta, 1979.

Martínez M., Miguel, *La psicología humanista. Fundamentación epistemológica, estructura y método,* México, Trillas, 1982.

Maslow, Abraham H., "Qué nos ofrece la psicología existencial", en R. May (ed.), *Psicología existencial,* Buenos Aires, Paidós (Biblioteca del Hombre Contemporáneo), 1972.

_____, *Toward a Psychology of Being,* Nueva York, D. Van Nostran, 1962.

_____, *The Farther Reaches of Human Nature,* Hamondswonh, G.B., Penguin Books, 1971; *La amplitud potencial de la naturaleza humana,* México, Trillas, 1982.

Masters, R. y J. Houston, *Mind Games. The Guide to Inner Space,* Nueva York, The Viking Press, 1972.

_____, *Listening to the Body: the Psychophysical Way to Health and Awareness,* Nueva York, Delta, 1978.

May, Rollo, "Bases existenciales de la psicoterapia", en R. May (ed.), *Psicología existencial,* Buenos Aires, Paidós (Biblioteca del Hombre Contemporáneo), 1972.

_____, "El surgimiento de la psicología existencial", en R. May (ed.), *Psicología existencial,* Buenos Aires, Paidós (Biblioteca del Hombre Contemporáneo), 1972.

_____, *La psicología y el dilema del hombre,* México, Gedisa, 1987.

_____, *Libertad y destino en psicoterapia,* Bilbao, Descle'e de Brouwer, 1988.

_____ (ed.), *Psicología existencial,* Buenos Aires, Paidós (Biblioteca del Hombre Contemporáneo), 1972.

Mc Cluggage, D., *The Centered Skier,* Waitsfield, VT, Vermont Crossroads Press, 1977; *El esquiador centrado,* Santiago de Chile, Cuatro Vientos, 1996.

Moustakas, C.E. (ed.), *The Self Explorations in Personal Growth,* Nueva York, Harper Colophon Books, 1956.

Naranjo, Claudio, *The Healing Journey: New Approaches to Consciousness,* Nueva York, Ballantine; 1974.

_____, *La vieja y novísima gestalt,* Santiago de Chile, Cuatro Vientos, 1990.

Nevis, E.C., "Evocative and Provocative Modes of Influence in the Implementation of Change", en *The Gestalt Journal,* vol. 6, núm. 2, 1983, pp. 5-12.

Oaklander, V., *Windows to Our Children: a Gestalt Therapy Approach to Children and Adolescents,* Moab, UT, Real People Press, 1978.

_____, "A Gestalt Therapy Approach with Children Through the Use of Art and Creative Expression", en E.H. Marcus (ed.) *Gestalt Therapy and Beyond,* Capitola, CA, Meta, 1979.

O'Connell, V., "My Unconscious Takes Care of Me: The Taste of Two Strawberries", en *Voices,* vol. 20, núm. 4, 1985.

O'Hara, M.M. y J.K. Wood, "Patterns of Awareness Consciousness and the Group Mind", en *The Gestalt Journal,* vol. 6, núm. 2, 1983, pp. 103-116.

Ornstein, R., *The Psychology of Consciousness,* Londres, Penguin Books, 1986; *Psicología de la conciencia,* México, El Manual Moderno, 1979.

Otto, H., *Fantasy Encounter Games,* Nueva York, Harper & Row, 1972.

Passons, W.R., "Gestalt Therapy Interventions for Group Counseling", en *Personnel and Guidance Journal,* núm. 51, 1972, pp. 183-189.

Perls, F. y C.C. Clement, "Acting out Versus Acting Through", en *Voices,* vol. 4, núm. 4, 1968, pp. 66-73; en J.O. Stevens, *Awareness: Exploring, Experimenting, Experiencing,* Lafayette, CA, Real People Press, 1971; Nueva York, Bantam, 1973; *El darse cuenta,* Santiago de Chile, Cuatro Vientos, 1976.

Perls, F., "Gestalt Therapy and Human Potentialities", en H.A. Otto (ed.), *Explorations in Human Potentialities,* Springfield, IL, C.C. Thomas, 1966.

_____, R. Hefferline y P. Goodman, *Gestalt Therapy: Excitement and Growth in the Human Personality,* Nueva York, Julian Press, 1951; Nueva York, Dell, 1965; Nueva York, Bantam, 1977.

_____, *The Gestalt Approach & Eye Witness to Therapy,* Palo Alto, CA, Science and Behavior Books, 1973; Nueva York, Bantam, 1976; *El enfoque gestáltico y testimonios de terapia,* Santiago de Chile, Cuatro Vientos, 1976,

_____ , "Workshop Versus Individual Therapy", en *Journal of Long Island Consultation Center*, vol. 5, núm. 2, 1967, pp. 13-17.

Polster, E.A., "Sensory Functioning in Psychotherapy", en J. Fagan e I. Shepherd (eds.), *Gestalt Therapy Now*, Palo Alto, CA, Science and Behavior Books, 1980.

_____ , "Techniques and Experiences in Gestalt Therapy", en F.D. Stephenson, *Gestalt Therapy Primer: Introductory Readings in Gestalt Therapy*, Springfield, IL, C.C. Thomas, 1975.

_____ , "Structured Training Programs", Gestalt Institute of San Diego, Amer. Psych. Assoc., 1974.

_____ , y M. Polster, *Gestalt Therapy Integrated*, Nueva York, Brunner/Mazel, 1973; Nueva York, Random House/Vintage, 1974; *Terapia gestáltica*, Buenos Aires, Amorrortu, 1980.

Purinton, M., J. Healy y B. Whitney, "Layers of Self, a Group Fantasy Technique", en *Psychotherapy: Theory, Research & Practice*, núm. 11, 1974, pp. 83-86.

Quitman, H., *Psicología humanística*, Barcelona, Herder (Biblioteca de Psicología), 1989.

Rainwater, J., *You're in Charge*, Los Angeles, Guild of Tutors Press, 1979.

Rhyne, J., "The Gestalt Approach to Experience, Art, and Art Therapy", en *American Journal of Art Therapy*, núm. 12, 1973, pp. 237-248.

_____ , *The Gestalt Art Experience*, Monterey, CA, Brooks/Cole, 1973; Chicago, Magnolia Street Publishers, 1984.

_____ , y M.A. Vich, "Psychological Growth and the Use of Art Materials: Small Group Experience with Adults", en *Journal of Humanistic Psychology*, vol. 7, núm. 2, 1976, pp. 163-170.

_____ , "The Therapeutic Use of the Gestalt Art Experience", en *American Journal of Art Therapy*, núm. 11, 1972.

Rogers, Carl, *El proceso de convertirse en persona*, Buenos Aires, Paidós, 1974.

_____ , "Two Divergents Trends", en R. May, (ed.), *Existential Psychology*, Nueva York, Random House, 1960; "Dos tendencias divergentes", en R. May (ed.), *Psicología existencial*, Buenos Aires, Paidós (Biblioteca del Hombre Contemporáneo), 1972.

_____, y M. Kinget, "Psicoterapia y relaciones humanas", en *Teoría y práctica de la terapia no directiva,* vols. I y II, Madrid, Alfaguara, 1967.

Rosenbaum, M. y A. Snadowsky (eds.), *The Intensive Group Experience,* Nueva York, Free Press, 1976.

Rosenblatt, D., *Gestalt Therapy Primer,* Nueva York, Harper & Row, 1975.

Rosenfeld, E. y B. Giges, "Personal Growth, Encounter, and Self-Awareness Groups", en M. Rosenbaum y A. Snadowsky (eds.), *The Intensive Group Experience,* Nueva York, Free Press, 1976.

Sax, Saville y S. Hollander, *Reality Games. Games People Ought to Play,* Nueva York, Macmillan, 1972.

Schiffman, M., *Self Therapy: Techniques for Personal Growth,* Menlo Park, CA, Self Therapy Press, 1967.

_____, *Gestalt Self Therapy and Further Techniques for Personal Growth,* Menlo Park, CA, Self Therapy Press, 1971.

_____, "Techniques of Gestalt Self Therapy", en C. Hatcher y P. Himelstein (eds.), *The Handbooks of Gestalt Therapy,* Nueva York, Jason Aronson, 1976.

Schultz, D.P., *Growth Psychology: Models of the Healthy Personality,* Nueva York, Van Nostrand-Reinhold, 1977.

Schutz, W.C., *Elements of Encounter,* Nueva York, Bantam, 1975; Big Sur, CA, Joy Press, 1973.

_____, *Here Comes Everybody,* Nueva York, Harper & Row, 1971.

_____, *Joy: Expanding Human Awareness,* Nueva York, Grove Press, 1967; Nueva York, Ballantine, 1973.

Schur, E., *The Awareness Trap. Self-Absorption Instead of Social Change,* Nueva York, The Nueva York Times Book, 1976.

Shaffer, J. y D. Galinsky, *Models of Group Therapy and Sensitivity Training,* Englewood Cliffs, NJ, Prentice Hall, 1974.

Shostrom, E.L., *Freedom to Be: Experiencing and Expressing your Total Being,* Englewood Cliffs, NJ, Prentice-Hall, 1972; Nueva York, Bantam, 1974.

Smith, E.W.L., "Altered States of Consciousness in Gestalt Therapy", en *Journal of Contemporary Psychotherapy,* vol. 7, núm. 11, 1975, pp. 35-40.

_____ , "Growth and Social Influence", en *Voices,* vol. 13, núm. 1, 1977.

_____ , *Body in Psychotherapy,* Jefferson, NC, Mcfarland, 1985.

_____ , "The Impasse Phenomenon: A Gestalt Therapy Experience Involving an Altered State of Consciousness", en *The Gestalt Journal,* vol. 1, núm. 1, 1978, pp. 88-93.

Smith, H., *Sensitivity Training: The Scientific Understanding of Individuals,* Nueva York, McGraw Hill, 1973.

Smith, E.W.L. (ed.), *The Growing Edge of Gestalt Therapy,* Nueva York, Brunner/Mazel, 1976.

Sommer, L., *Manual for Conducting Classes and Workshops Using a Gestalt Orientation,* Gestalt Institute of St. Louis, 1978; Nueva York, Grune & Stratton, 1950, 1964.

Stevens, J.O., *Awareness: Exploring, Experimenting, Experiencing,* Lafayette, CA, Real People Press, 1971; Nueva York, Bantam, 1973; *El darse cuenta,* Santiago de Chile, Cuatro Vientos, 1976.

_____ , (ed.) *Gestalt Is,* Moab, Utah, Real People Press, 1975; Nueva York, Bantam, 1975; *Esto es gestalt,* Santiago de Chile, Cuatro Vientos, 1978.

Stewart, R.D. "The Philosophical Background of Gestalt Therapy", en *The Counseling Psychologist,* vol. 4, núm. 4, 1974, pp. 13-15.

Van Egdom, R., "Awareness and Conscience: My Approach to Gestalt Therapy", en *The Gestalt Journal,* vol. 3, núm. 1, 1980, pp. 107-110.

Walsh, R. y F. Vaugham (comp.), *Más allá del ego,* Barcelona, Kairós, 1982.

Wheeler, G., *Gestalt Reconsidered: A New Approach to Contact and Resistance,* Nueva York, Gardner Press, 1991.

White, J. (comp.), *La experiencia mística,* Barcelona, Kairós, 1979.

Wohlfort, R.W., "The Sensory Awareness Exercises and the Non-verbal Techniques: A Critique with Special Reference to Pastoral Counseling", en *Diss. Abstracts Intnl.,* 1970, 3111 2-B); 7534.

Zdenek, M., *The Right-Brain Experience,* Nueva York, McGraw Hill, 1983.

Zinker, J.C., "A Matter of Choice", en *Voices,* vol. 20, núm. 4, 1985.

————, *Creative Process in Gestalt Therapy*, Nueva York, Brunner/ Mazel, 1977; Random House, 1979; *El proceso creativo en la terapia gestáltica*, México, Paidós, 1991.

————, "Gestalt Therapy as Permission to be Creative", en *Voices*, vol. 9, núm. 4, 1974.

————, "On Public Knowledge and Personal Revelation", en *Explorations*, núm. 15, 1968, pp. 33-39.

————, "Right Hemispheric Brain Function as it Relates to Gestalt, Phenomenology, and Small Systems", en *Voices*, vol. 18, núm. 2, 1982, pp. 79-82.

————, "Searching for Clarity", en *Pilgrimage*, vol. 11, núm. 2, verano de 1983, pp. 79-86.

————, "Notes on the Phenomenology of a Loving Encounter", en *Explorations*, núm. 10, 1966, pp. 3-7.

Acerca de la autora

Myriam Muñoz Polit es directora general, fundadora y maestra del Instituto Humanista de Psicoterapia Gestalt, A.C., desde 1985.

Miembro fundador de la Asociación de Desarrollo Humano, A.C. (adehum) y del Comité Ejecutivo Central de la misma, socio fundador de la empresa Contacto y Crecimiento, S.C. Directora de la revista "figura/fondo", publicación semestral del Instituto Humanista de Psicoterapia Gestalt, A.C. Miembro fundador de la Association for the Advancement of Gestalt Therapy, USA.

Presidenta del IX Congreso Internacional de Psicoterapia Gestalt, México, 2005.

Tiene una maestría en Orientación y Desarrollo Humano y estudios de doctorado en Desarrollo Humano, en la Universidad Iberoamericana.

Trabaja formalmente en el campo de la psicoterapia humanista y el desarrollo humano desde 1974.

Ha publicado diversos artículos y trabajos: "La psicoterapia gestalt y el nuevo paradigma científico", "Gestalt Therapy in Mexico", "La globalización de la psicoterapia o qué no es gestalt", "La influencia del enfoque centrado en la persona en los institutos humanistas de psicoterapia gestalt".

Actualmente imparte talleres, cursos y conferencias en España, Francia, Italia, Brasil, Estados Unidos y México sobre los temas de sueños, símbolos y metáforas, la pareja en la terapia gestalt, los sentimientos en la psicoterapia, trabajo con salud y enfermedad.

Esta obra se terminó de imprimir
en agosto de 2017, en los Talleres de

IREMA, S.A. de C.V.
Oculistas No. 43, Col. Sifón
09400, Iztapalapa, D.F.